心理學諮商叢書

【余伯泉博士・洪莉竹博士主編】

照護年老的雙親

Caring for Your Elderly Parent

Julia Burton-Jones ◎著
陳夢怡◎譯

作者介紹

茱莉亞・波頓・瓊絲大學主修社會學與社會工作，碩士專攻成人永續教育。於劍橋大學的茱柏莉（Jubilee）中心工作多年，主要研究領域為老化與高齡安養照護。一九九〇—一九九一年間首開風氣，在各教會舉辦一系列名為「家庭照護者，動起來」的訓練講座，並參與成立「家庭照護者基督徒協會」，一九九二年於 Scripture Union 出版《關心家庭照護者》（*Caring for Carers*）一書。

序

本書是專爲需要照顧年邁雙親的人所寫，父母可能只是年老體衰，或才從一場心臟病、中風後恢復過來，或長期風濕行動不便，甚或患有程度不等的老人痴呆症而需人照顧；作子女的有些得二十四小時不眠不休待命，有些人只能在餘暇時探訪關懷。這些差異都無關緊要，重點是怎麼樣讓雙方都有好日子過。

這並不是一本教導人成爲高效率照護者的書，對於第一線上的照護者來說，市面上已有太多的「完全護理手冊」可供參考。但是，這些書籍的作者只看到年邁雙親、病人、幼兒等被照顧者的需求，卻忽略了筋疲力竭的家庭照護者也有探索、反省自身處境的需要。本書希望透過新的觀察角度，讓家庭照護者的需求、感受、渴望、抉擇、關係得到足夠的重視，並以切實的建議讓照護者的生活更充實有意義。

為闡述照護工作的各項層面，我引用了一些家庭照護者的真人真事，在此要感謝他們樂意與我分享這些獨特的酸甜苦辣，雖然人名均經更動以維護他們的隱私，但這些照護故事的真實性與完整度卻不容質疑。希望這些詳實完整的經驗分享，能帶給其他照護者真正的鼓舞與啓發。

若以嚴謹的科學研究角度來看，或許本書中的案例仍不具足夠代表性。但這些來自全英各地的的照護案例，所代表的正是真實世界中真情人間的縮影，以及照護工作的意義與價值。

我也衷心希望，本書能幫助讀者在需要時做出周全而無悔的決定，我試圖忠實呈現照護工作所帶來的正反兩面影響，好讓家庭照護者對自己的行爲反應有更深遠的瞭解。廣大的家庭照護者爲社會整體及個別生命默默地付出貢獻，但其代價卻是他們個人身心靈健康的耗損，這也是人類整體的共同損失。本書不但希望能讓親子兩代的成年生命有更美好的交集，更希望能在正視每個人獨特需求的前提下，發揮人之所以爲人的價值。

《目次》

1

照顧工作的時代背景

變遷中的社會

一肩挑起照顧年邁或體弱雙親的責任，似乎是再自然不過的事了。他們是你所愛的人，也是你認爲應有所回報的人，在他們需要協助的時候，打開你的生活（甚至你的家門）似乎責無旁貸。但當現實向你叩門時，你有福氣能馬上承擔這項使命嗎？

照顧年邁雙親的工作不只是承諾而已，你的性格、關係、工作、家庭與對未來的渴望，都有可能增強或削弱你照顧他們的真正能力，而過去的親子關係是親密、衝突甚或冷淡，也會夾雜在這千頭萬緒之中。在本章中，我們將考量其他隱而不現的影響力。

即使能不考慮外在壓力，但既爲社會之一分子，難免也承襲了社會既有的價值

觀與期望，而這些觀念在不知不覺中對個人的思維、決策散發影響力。因此，現在你所面臨的問題，與二十年前同齡者所面臨的問題，必然有其本質上的不同。我們接下來要作的就是，先回顧一下當代社會與家庭變遷對個人處境的影響。

> 照顧年邁雙親的工作不只是承諾而已，你的性格、關係、工作、家庭與對未來的渴望，都有可能增強或削弱你照顧他們的真正能力。

全人類的新長壽世紀

無須進行大型社會調查，相信你已感覺得出，英國高齡人口在二十世紀間已大幅增加。根據政府的統計資料，在二十世紀初，領取養老金的人口約佔總人口數的百分之六；一九九〇年代的今日，這個比例已經是百分之十八。一九〇六年出生的男嬰，其壽命的期望值爲四十八歲，女嬰則可望活到五十二歲；但一九九〇出生的人，男性平均可活到七十二．三歲，而女性平均壽命更長達七十八．二歲。

上述統計值代表的是，越來越多人能活到八十甚至九十歲，這當然值得慶賀，這不但代表我們未來退休後悠遊自在的黃金歲月拉長，也讓我們更有時間與親愛的父母閒話家常，而孩子們也多了一份來自祖父母、曾祖父母，甚至高曾祖父母的疼愛與關照。但從照護的觀點來看，雖然許多高齡者仍能獨立自理生活，但高齡人口中必然有相當比例併有各式各樣的殘疾或慢性病，這其中有不少人需要旁人協助才能打理最基本的生活需求。

而人類日趨長壽的事實，也讓我們的人生邁進雙重責任時代，從前的父母在孩子們成年離家後，就進入享受人生果實的自由自在階段，但今日的我們在此時會發現，自己或另一半的年邁雙親正需要我們的支持與付出。再加上現代人普遍長壽，有時你會發現自己同時擔負雙重責任，有些家庭照護者必須照料自己與配偶的雙親（可能是連續幾年一個接一個），同時還必須與孩子、孫兒女、親戚、鄰居及枕邊人

維持良好關係，經年累月地以蠟燭兩頭燒的速度來耗損自己的精力。

高齡者健康情形的最大共同特色，就是體能正以緩慢與穩定的速度衰退中。雖然發現抗生素後，許多過去聞之色變的病魔已知難而退，但現代高齡者面對的是醫藥科技也束手無策的老人痴呆症和風濕等慢性病，這些疾病往往可拖上數十年，令病人及家庭照護者都痛苦萬分。也由於八十歲以上高齡者有日漸增多的趨勢，因而爲痴呆症所困擾的比例也大爲增加，平均五個八十歲以上的老人，就有一人在晚年罹患痴呆症。

由此可見，全人類邁向新長壽時代的事實，也指出你我必須隨時準備肩負起關照年邁雙親的責任，這份責任包括了長年的實際照護工作。

社福政策的變革

過去社會提供給高齡者的支持照護，大多來自其親友及家人，由政府提供的社會福利服務，僅佔其中一小部份。而我們對這些政府提供之服務的印象，大多來自養老院等大型正式機構。其實政府提供的社會服務範圍相當廣泛，其中有些「喘息服務」，可讓子女在照護長者的同時，能保有相當程度的生活品質，這些資訊都是爲人子女所不可不知的。

當然，我們必須先瞭解整體社會福利政策制定的大方向。目前的社福趨勢是讓高齡者在原生社區中安養天年，而非通通送往安養院等機構，這種「社區安養」理念，不僅是個頗受歡迎的政治口號，也多少反映出高齡者的心聲。

英國在一九九〇年的「國家健康服務與社區安養法案」中，首次提出這種社區安養的概念，由於多數高齡民眾不願意在養老院坐待老死，該法案將過去編列給大型機構的預算，轉移至提供高齡者各種居家服務的經費，因此也造福了原本就在家安享晚年的老者。但這個聽起來很棒的點子問題出在哪兒呢？就在現實層面上。畢竟，挨家挨戶的提供服務意謂著開銷大增，而許多地方政府並沒有這樣寬裕的財政可以支持。兩方面折衷的結果，就是對某些原定免費的服務酌收部份費用，以減輕財政負擔。

社區安養的理想若無財源支持，家庭照護者就無法從這個立意良好的政策獲益。因此，社會福利當局必須將錢花在「刀口」上，也就是說，只有無人照料的長者才會獲得協助；只要有親人照護，其享受社福服務的優先順序將被延後。

爲家庭照護者量身打造的議案，一九九五年方進入英國議會，並獲得各黨派支持。當然，此議案仍非十全十美，雖然法案確保家庭照護者有權向地方社會福利單位申請所需服務，但地方政府卻不見得正巧提供該項服務。無論如何，這個議案正是社會福利觀念的新里程碑，象徵著我們的社會開始關切家庭照護者的角色及其需要。

儘管這些法案及其支持人士意欲標彰美好遠景，但家庭照護者必須面對一個無情的現實：對社會福利基層單位來說，家庭照護者的需求並不是預算分配清單上的最急件。「社區安養」這個美好的理念，在缺乏資源的情況下，讓許多毫無準備的家庭必須打開大門迎接需要專業照護的年邁雙親。但現代的照護者不再是沉默無聲的一群了，「照顧者國家聯盟」正是家庭照護者在不斷改變的社會政治情勢中，爲爭取自身權益而結合的先鋒團隊之一。

社會對高齡的態度轉變

另一個會影響照護工作的因素是，社會一般人對高齡者的態度。家庭照護者個人環境的經驗與態度，其實就是社會整體態度的縮影，當你做決定時，難免也受這些態度的影響。

在多數情況下，二十世紀的高齡處境並不特別令人欽羨。年紀大的人都希望得到社會的敬重，即使不求養兒防老，也希望能有人關心照顧。可惜，這些小小的心願落空的機率實在不低。高齡者年輕時也會爲維持整個國家的社福體系貢獻過心力，但我們的社福體系卻在他們最需要時轉頭不理：過去二十年來，各項名目的養老金不斷遭裁削，幾乎讓人無法以此維持基本生活；不僅如此，高齡者僅存的積蓄

及資產還得支付家居護理開支。諷刺的是，國家健保局當初就是用他們年輕時辛苦工作所納的稅金成立的，當他們需要服務時，健保局到哪裡去了？

除經濟上的不利之外，社會對退休人士的態度也在無形中矮化了他們的角色及貢獻，雖然我們可以看到許多退休長者活躍於家庭及社區，繼續爲社會整體正常運作盡一分心力，但一般人並不瞭解這一點的重要性。高齡者由於退休年齡的限制，無法繼續工作，看來似乎成爲社會經濟的負擔。大眾傳媒也塑造了不少似是而非的刻板高齡印象，例如，壞脾氣的老太婆、容易上當的老頭，或慈祥的老奶奶等。高齡者逐漸衰退的眼力、耳力，乃至體力，也往往讓身旁的人容易忽略其多年累積的智慧結晶，將他們當孩子般保護，忽略了他們真正的需要。

因爲社會態度如此，照護長者的工作，也往往被人認爲是雕蟲小技。有照護專長的人士對照護年輕者的意願也往往較高。居家護理工作的薪資不但相當低，工作條件也往往較苛刻。到職業仲介中心走一遭，我們將會發現大量事浮於人的情形。

照護在一般人眼中似乎是可有可無、毫無貢獻的工作，這種想法使年邁雙親的家庭照護者必須擺盪於親情與社會偏見之間。在現實與時間、金錢的操煩中，希望能讓雙親安養晚年的子女不免沮喪，爲何我們的社會不把老年人當回事？辭掉高薪工作回家照護雙親的人常被質疑，彷彿照顧老人是傻瓜才做的事。當然，許多辭去工作在家帶小孩、換尿布、餵奶的人，也得面對相同的質疑。不管八點檔連續劇有多少親子反目的荒謬劇情，父母親這輩子的意義與價值，爲人子女當然淸楚，即使照護年邁雙親會造成財務或多或少的負擔，多數人仍願意上前擁抱這項甜蜜的負荷。

從個人生命自我實現的角度上看來，照護高齡者的工作，若能因此推翻社會所抱持的偏見，也相當值得。畢竟我們的社會政策若無法坦然地感謝高齡公民過去的貢獻，也無法正視其畢生智慧菁華的話，不正是人類歷史的敗筆嗎？

變遷中的家庭生活

與日俱增的人口流動率

本世紀的家庭生活型態經歷了相當戲劇化的急速改變，其中影響子女照顧年邁雙親能力的因素之一，就是與日俱增的人口流動率。由於工作、培訓、接受高等教育等種種因素，人們不再像當年生於斯者必老死於斯。成年的子女往往遠離家鄉，很少人想到離鄉萬里對未來照護雙親有何影響，當然更少人能想到孩子們的成長過程也需要祖父母的關愛參與。特別在失業率高的年代，平穩的工作與收入才是眼前的當務之急。

兩地遠隔的重重困難都在雙親老病之後才開始浮現，極少數的人必須在一週五天繁重工作後，忍受舟車勞頓之苦遠赴另一個城市去照顧雙親，這種兩頭跑的照護方式，不但吃力而且又不討好。但其他選擇也不會好到哪裡去：搬回家鄉去照顧年邁雙親必須承擔失業的風險；請雙親搬到兒女家方便就近照顧，等於是硬生生的將他們自多年的人脈網路斬斷，其影響之大很難估計。

總歸一句話，人口流動除了對家庭親情經營有所影響之外，也讓照護年邁雙親的難度大為增加。

離婚分居的影響力

另一個影響年輕一輩照護年邁雙親的因素是，日益增高的離婚分居比率，這代表人與人間的關係不再穩固。無論是否合理，但生活中的現實是，家庭中往往由女性成員肩負年幼孩童及老病親人的照護工作，而高齡者在家庭中依賴最深的也多半是因婚姻關係進入家庭的媳婦，這份關係在兒子離婚後是必然會失落的。而離婚婦女在面對適應新環境、掙錢養兒育女的緊迫時刻，也通常無力兼顧雙親。

離婚的影響力還有另一個可能：若婚姻破裂的是高齡者本身，因爲原本要相互照料後半生的老伴已遠去，照護他們的責任必然就落在兒女身上。很可能的情況之一是，需要照護的這位父親或母親，恰好是被兒女視爲破碎家庭原兇的那一位，照護這樣的雙親需要兒女能克服遺棄、不忠……等長久來的負面觀感，然而，這並不容易。

一九九〇年代，離婚分居案例遍傳的英國，已與百年前視婚姻爲一生承諾的前輩們大不相同。由於婚姻關係不再穩定，許多人索性以同居作爲結婚的替代選擇，在這種情形下，我們很難估計同居者會多麼願意承擔照顧雙方父母的責任。

婦女出外工作

經濟體系對照護高齡雙親的最大影響應該是，愈來愈多婦女進入職場，掙得了屬於自己的薪水與尊嚴。這個趨勢始於本世紀初，很明顯地，我們在未來十年會看到，四、五十歲仍在外工作的婦女比例將大幅增加，而這個年齡層的人，她們的父母若還健在，通常健康也已開始衰退。事實上，婦女是否在外工作通常不會影響她們是否將承擔照顧父母的責任。我們該討論的是，婦女選擇工作背後的動機。研究調查顯示，在外工作的婦女，往往較肯定自我，工作對她們來說，不只是另闢財源，還包括了自我實現、挑戰與社會上的刺激與互動。

既然時光不可能倒流，我們也無法回到婦女天職就是在家打理一切的舊時代。婦女運動使女性得到家庭之外的另一個發展空間，也許下一波潮流就是讓男性在家庭內也能以家務自得，而我們的社會也將接受這樣的觀念，承認照護老幼對男性來說的確是一份值得的工作。

今日多數婦女仍需面對在親人與工作間擇一的痛苦抉擇，但請記得，我們的社會不該讓女性獨自承受這種苦痛，女性也必須坦誠面對自我的感受，別讓社會對女性的期待牽著鼻子走。女性沒有任何理由比男性更應該優先放棄得來不易的工作，無論男女，承諾照顧高齡父母的唯一合理理由都應該是：打從心底覺得照護長者的價值高於工作本身。

無論男女，承諾照顧高齡父母的唯一合理理由都應該是：打從心底覺得照護長者的價值高於工作本身。

傳統觀念的影響

討論過人口流動率、家庭破裂及婦女出外工作的影響後，我們下一步要作的就是針對影響個人選擇照顧雙親與否的其他觀念進行分析。儘管上帝賦與人類獨立思考的能力，但你我仍難免受社會風潮的影響，使得我們自認的「選擇」，不過是一種適應策略，也是當下社會經濟型態的大量產品。例如，選擇提早退休的人也許會認爲這是讓自己歸隱山林的明智抉擇，但換個角度來看，這不過是工作人口過剩的必然結果。我們心目中認爲合理的行事理由，往往也是當下思潮所默許或鼓勵的，違抗時代潮流畢竟不是易事。

我們由社會所汲取對「責任」的定義，塑造出我們的決定。照顧年邁雙親真的是神聖不可侵犯的義務嗎？一九八九年，英國照護者國家聯盟指導人——吉薾・佩克雅絲利——出版了《這是我該做的，不是嗎？》，簡單的一句話，點明了家庭照護者們如何被這句話背後代表的神聖責任感所驅動。儘管的確有人能從這句話得到相當大的激勵與啓示，而能夠步過壓力的幽谷，但並非人人都能如此。有些人的父母正是其一生最大的傷痛，他們寧願視血緣爲隨機的巧合，也不想強迫自己與一個向來形同陌路的所謂親人，共度可能長達數年的相互折磨日子。

建構於親緣之上的責任感，向來被我們的社會視爲理所當然，也是當初制定社會福利政策的重要前提之一。但這個觀念到下一世紀還行得通嗎？許多高齡者早已揚棄養兒防老的觀念，寧願自掏腰包外聘護理工作人員，這意謂著高齡照護即將由過去的居家照料，轉型爲專業護理工作。

對於來自其他民族文化的人們而言，與傳統文化觀念的「搏鬥」亦屬難免。雖然身在異鄉，但所處社群環境的氛圍，讓必須肩負照護老人的人們很難抗拒傳統觀念的影響，即使在極需多賺一份薪水的情況下，他們仍然會以血緣倫理爲重。

結論

當高齡的雙親開始需要照顧時，除了個人的想法與意願外，還有數不清的社會因素正影響你的決定。「責任感」一詞所引發的種種情結，不該是驅策你我扛下照護工作的主要動機。基於各種壓力而定下的照護承諾，也有其隱含的危險性。在沒有其他選擇，只有你一個人在暴風圈中時，只有極少數的人在此時還能保持超然與客觀，毫無社會成見所導致的罪惡感。但事實上，只有你自己能正確評估生命中這段親子關係的重要性，也只有你自己知道除此之外，生命中還有什麼其他必盡的責任。我們將在下一章討論到，若家庭環境實在無法支持你扛下照護雙親的責任，爲人子女實在無需自責。工作與人口流動遷移等外在社會因素，對個人是否能照護雙親具有相當大的影響力，你的決定不可能全然出自個人意願，社會變遷的力量不可能被忽略。一段美好的照護關係，應該取決於照護者與被照護者雙方正面積極的意願。

當高齡的雙親開始需要照顧時，除了個人的想法與意願外，還有數不清的社會因素正影響你的決定。「責任感」一詞所引發的種種情結，不該是驅策你我扛下照護工作的主要動機。

2

最佳決策推手

我們在第一章中討論了今日英國家庭的社會環境背景，也探討了社會因素對高齡照護政策的影響。在本章中我們將討論其他決定個人是否有能力照護年邁雙親的因素。

事先計畫的重要

多數人在發現原本位居家庭中心的雙親，原來也有衰老、需要幫助的一天時，往往非常驚訝，接著就把這樁心事一天拖過一天，不到最後關頭，不去正視其必需性及急切性。爲什麼以規劃未來見長的人類，獨獨在照護雙親這件事上不見其高瞻遠矚呢？

當然，這多少反映出人類希望一切保持現狀的渴望，而所謂的現況也已經耗去我輩不少心神，遑論遙不可知的未來。在照護雙親這件事上，「未來」兩個字代表的不過是，不受歡迎的壓力與額外的責任。另一個讓你我遲疑不前的理由，是我們很難面對昔日高高在上的父母，現在卻不再活躍獨立，甚至為老病所苦的現實。孩童時期對父母權威的孺慕之情，很難轉化為照護失能老人的責任感，過去總是他們傾聽你我的憂愁與煩惱，很難想像他們哪天竟然需要永遠依賴我們。光是這種念頭，就足以讓子女開始擔心傷及父母的權威與自尊。

另一個導致鴕鳥心態的理由，是人對喪失生涯規劃自由度的恐懼，有誰能在父母需要你的時候，還能隨時自在的準備遷居、換工作……呢？一個棒透了的出國進修、工作機會，與「遙遠」的未來才需人照顧的父母，孰輕孰重？

其實，在平時就將這些可能性翻來覆去想過一次，大概就是你我對照護父母最好的心理準備了。無常的人生往往也沒有什麼公不公平可言，照顧體弱父母的責任，往往落在住的最近，或家累較輕的子女身上。通常家庭成員中會有一位，特別覺得有照護父母的責任與需要，即使他並不見得是最有能力的那一位，但由於他的出現，造成了其他兄弟姊妹覺得自己可從沉重的責任中解放出來的假相。過去要求未嫁女兒照顧父母的那一套想法，現在很少人還能奉行不渝。

事先規劃，能讓每個家庭成員負擔的照護責任較爲公平，即使手足之中有人十分樂意擔任照護雙親的主要角色，但其他人仍可提供各種支援，來減輕照護者的負擔。總之，能在危機發生前，就對手足的能力與意願有所瞭解會相當有幫助，每個人也仍保有改變心意或想法的自由，能正面看待照護父母責任的人，往往就是最適合的家庭照護者。當然，人和環境都是會變的，所以規劃內容也應隨需要而適時修正。

事先規劃，能讓每個家庭成員負擔的照護責任較為公平，即使手足之中有人十分樂意擔任照護雙親的主要角色，但其他人仍可提供各種支援，來減輕照護者的負擔。

歲月無常的推手

通常，你我會以兩種方式，面對人生中可能的照護雙親責任。一是緩慢、平穩而且事前有明確警訊的寬坦大道；另一是突然接獲赤足踏過礫地上戰場的通知。無論命運曲線將帶領你我走哪條路，事前的瞭解都是必要的。

雙親自然老化

簡單一句話，父母年邁時當然需要照顧。從他們開始領養老金那一刻起，隨著日漸老化而來的就是自理能力的逐漸衰退。雖然現代的醫學已能治癒不少疾病，但仍沒有人能長生不老不死。由於操勞程度與環境因素的差異，有些人還會提早嘗到老的滋味。

老化包括感官功能的陸續喪失：多數高齡者都有聽力問題、視力衰退，嚴重可至失明。此外會影響高齡者行動能力與反應靈敏度的因素包括關節炎、各種硬化症、骨質疏鬆症、肺氣腫、心絞痛等，這些疾病大大地侷限高齡者的生活社交圈。阿茲海默症等心智退化疾病，也使高齡者獨居的危險性大爲提高。巴金森氏症的影響同時遍及生理與心理，並使患者日益退化。由於這些疾病往往同時發生，高齡者原本獨立的生活，便被多重不便所剝奪。即使沒有上述疾病，體力的日漸衰退也使原本簡單的生活成爲危險的挑戰。

自然老化並不會在一夕間突然發生，這使你我有餘裕調適自己的生活步調，做好照護雙親的準備工作。在你還有時間的時候，大可從基本日常生活層面著手，例如，增加探視或電話問安的次數，多瞭解老人家目前的生活需要。在雙親生活依賴程度開始增高後，提供協助就得花點心思，若雙親尚未體認到老之已至，不經意的疏忽可能會轉爲激烈衝突，此時只有同理心才是最佳的解藥，深入體會高齡者可能遭遇的挫敗、怒意甚至受辱的感受，你會瞭解，對現狀的抗拒其實是很自然的反應。畢竟很少有人在家裡老是有外人出出入入、打理家事時，還能處之泰然。子女要留心的是，不要大題小作過度保護，爲了讓自己心安而剝奪老人家僅存的個人生活並不明智，耐心及軟言相慰才是讓他們安心接受外界協助的辦法。

從此刻起，你就得開始爲未來父母無法再獨立生活設想了。第一個步驟是先評估其他手足的能力，接著要對老人家的偏好有所瞭解——也許他們不願與某個兒子、女兒或孫子同住，或者寧死不進安養院。收集當地各項安養服務的相關

若雙親尚未體認到老之已至，不經意的疏忽可能會轉為激烈衝突，此時只有同理心才是最佳的解藥，深入體會高齡者可能遭遇的挫敗、怒意甚至受辱的感受，你會瞭解，對現狀的抗拒其實是很自然的反應。

資訊也很有用，也許你會找到特別適合的家居護理服務，或發現某個非常好的安養機構。

在雙親自然老化的同時，你的計畫也該隨時間與需要加以修正，也許該爲父母安排另一個管理較良好、較爲高齡者考量設計的居所，也可能你會幸運地得到社工員等專業人士的建議，幫助你們適時地定期評估雙親需要，並及時給予協助。

最後，就讓一切順其自然，讓高齡者自行體察獨立生活與其他替代方案的優劣後，選擇適當的時機爲他們做好妥善安排。至於適當時機爲何？由於每個人的環境和想法都不同，何謂適當時機也因人而異，但若有下列狀況，就應該要有所行動：

- 老人家的體力若已無法在跌倒後自行起身，不但很容易因此受傷，也必須考慮其他隨之而來的高度風險。
- 即使已有來自外界或親友的協助，但仍不足以自理生活。
- 開始有痴呆的傾向，這樣的高齡者可能會不慎引發火災或走失，使自身陷於險境。

- 高齡者開始足不出戶，與原有社交圈互動嚴重減少，並常常覺得孤獨、抑鬱。

當這個時刻來臨時，就該進一步考慮影響實際照護的其他因素了。

突如其來的事件

突如其來的照護需要多半是意外事故、突發疾病，甚至是死亡的結果。明明只是摔了一跤，卻嚴重到骨折住院療養，這難免讓人擔心，讓父母繼續獨自住在家中是否安全；正在老當益壯意氣風發之時，卻突然中風或心臟病發作，而完全恢復健康的機率十分渺茫；也有些老人家突然發現自己得了癌症，隨即淹沒在損耗元氣的大小手術與密集的醫學療程中；另一項侵蝕高齡生命的事件，就是他們深深仰賴的伴侶或密友過世，沒頂於哀傷中的高齡父母，連生活也開始失序。

這時，現實不會爲你預留評估時間，你不但來不及打聽替代方案的資訊，而醫院在一位難求的情形下，也會要求家屬在情況穩定後，盡快讓出珍貴的病床。第一線的醫護人員會告訴你，至少該把父母帶回家療養一段時間；心緒糾結的你，一心只想安慰保護病苦的雙親，根本不會多做考慮，若無法把雙親接回自己家安養，你會覺得強烈的罪惡感夜夜都來叩你的心門。

很少人能預見，照顧病人是多麼艱鉅的工作，一旦扛下這個責任，很難不去犧牲其他家庭成員的福祉。

這陣突來的風暴過去後，很快每個人都會發現，這項匆促決策多麼不可行，照顧雙親不是幾滴眼淚和口頭承諾就能辦到的事，你會開始發現一切並不如想像中順利，更何況後面要走的路還不知道多長。此時該做的是，認清自己的能力與立場，並將你的感受

照顧雙親不是幾滴眼淚和口頭承諾就能辦到的事，你會開始發現一切並不如想像中順利，更何況後面要走的路還不知道多長。

坦誠以告，與其他也有責任卻只會施加壓力的人開誠布公，以達成對你及雙親都好的共識。

每個人都有想保護自己所愛的天性，希望能在他們需要時給予溫暖的支持。但要謹記的是，愛有很多種表達方式，盡力為父母尋找打聽適合的安養院只是代表你希望採取一種不那麼直接造成壓力的照顧父母方式，因為你不希望為了日常生活的雞毛蒜皮小事損害彼此關係，這完全不是不負責任的表現。照護的意義除了物質面的「照料」、「護理」外，更重要的是一種關心與在意，無論父母住在哪裡，這份心意是不會變的。

> 照護的意義除了物質面的「照料」、「護理」外，更重要的是一種關心與在意，無論父母住在哪裡，這份心意是不會變的。

彼得很早就十分關切罹患痴呆老人的照護問題，身為美以美教派牧師，他的工作之一就是為當地精神療養院的年老病患提供靈性照護。因此，當母親艾莉絲經醫師診斷患有阿茲海默症時，他已經能預見未來的景象。

在彼得七歲，領養的姊姊珍妮絲十五歲時，艾莉絲遭受喪偶之慟。一九九二年的十一月，一名歹徒假扮推銷員進入艾莉絲住處，將財物搜括一空，自此艾莉絲就開始有痴呆的症狀。一開始是離譜的健忘，接著艾莉絲開始到處收拾東西，連待洗的髒衣服也一併收起來，她的飲食習慣也令人憂心，後來她開始一個人漫無目的地閒晃，常常晚上一個人走去教堂，然後問人為什麼沒有舉行禮拜，搞不清當天星期幾也是常事，往往只是打個盹醒來，就以為一天又過了。

最後，彼得和珍妮基於對母親安危與健康的關心，要求艾莉絲的私人醫師申請功能評鑑。社福當局指派專業的家居照護者到艾莉絲家中照料她，但她不肯讓外人進她的屋子。一九九三年聖誕節假期發生的事令彼得心碎，那時候到彼得家中共度佳節的艾莉絲，突然失去理智並且攻擊彼得，之後彼得不得不把她送走。新年期間艾莉絲被送往日間安養中心，她不但不願意，還攻擊開車送她去的人。一九九四年三月某個夜裡的三點鐘，警方發現艾莉絲在外遊盪，艾莉絲在住院三週後，終於住進安養中心接受全日照護。

彼得和珍妮都無法接艾莉絲回各自的家中照顧，因為他們不僅工作纏身，各自的孩子也相當年幼，他們擔心艾莉絲的攻擊行為對孩子可能會造成不良的影響。

儘管彼得對於艾莉絲仍認得並且依賴他，覺得堪可告慰，但前往安養中心探視母親卻成為彼得心中的痛，艾莉絲的病情似乎正在宣洩她多年隱抑於心中的悲痛，包括丈夫早逝所造成的打擊。專業諮商對彼得頗有助益，即使現實的苦痛仍在，但至少他現在已覺得能對其他有類似問題的家庭，以更具同理心的方式給予幫助。現在，艾莉絲的遺忘是他最擔心的事，在母親尚未離世就失去她比其他事都令人難受。

該考慮的因素

無論外在環境多優渥，若彼此無法互敬互諒，長期共處同一屋簷下只會使關係惡化，並且讓雙方都不好受。

你與雙親關係好嗎？

最該優先考慮的因素之一，就是你與雙親間的關係是否良好。無論外在環境多優渥，若彼此無法互敬互諒，長期共處同一屋簷下只會使關係惡化，並且讓雙方都不好受。這並不是要求家庭照護者具備聖人般的德行，但照護老人家其實是相當繁瑣的工作，若沒有愛和信賴的支持，很少人能面對這龐大的壓力。人人都會經歷生命中的低潮，健康的照護關係可以保護雙方安渡所有風暴。千萬不要只是爲了守護遺產，害怕將來可繼承的財產因例行性的安養開支而縮水，就硬是把年邁雙親接回家。

你與雙親間的關係品質如何，只有你心裡清楚，沒有任何局外人有資格勉強你做任何決定。很多經歷都會讓你在心理上無法坦然扛下照護雙親的責任：也許你童年時曾遭受不當的虐待；也許你認為打從小時候，父母根本就沒正眼看過你；可能你一輩子都在為父母所造成的其他影響所苦，成年以後大部分時間都拿來療傷止痛。如果你一想到父母就愛恨糾雜，甚至有很明確的敵意，那麼在接下照護他們的工作前，一定要考慮、考慮再考慮。

當然，照顧那個與你吵了一輩子架的老人家，也許是大和解的最後機會，也許你心中正暗自希望，在還來得及的時候，與生命中的重要人物重修舊好；也許你與雙親在成年後已形同陌路，你希望能與老人家建立新友誼。基本上，這些想法都帶著程度不等的風險，也許你會後悔，也許你無法抹滅心中的一絲遺憾，也許你一輩子等不到一句「孩子，我以你為榮」，這些雖然令人失望，但至少你做過努力，而且

你的遺憾會因此得到紓解。

照顧公婆或岳父母，又是截然不同的另一件事。你可能覺得他們從未認可你是個稱職的媳婦或女婿，這種感覺早就是你婚姻生活中的陰影了；你也可能發現，他們的思想和你所學的那一套完全是兩碼子事。通常對另一半的父母，你比較不會感受到像對自己親生父母那麼強烈的責任感，甚至在他們因病需要照顧之前，你對他們都還不太瞭解，在這種情況下，很少人會奮不顧身的扛下照護重責。

是愛和感謝，讓為人子女樂於照護年邁雙親。許多照護者認為照料雙親是他們應盡的義務，並將其視為對父母幼時慈愛撫育的小小回報。

是愛和感謝，讓爲人子女樂於照護年邁雙親。許多照護者認爲，照料雙親是他們應盡的義務，並將其視爲對父母幼時慈愛撫育的小小回報。他們的家門永遠爲父母而開，長期服侍湯藥也不以爲苦，照護年邁雙親本身就是最大的獎賞。當然，他們也會有萬事不順的低潮時光，但許多人都能珍惜親情的溫暖和深刻，而且相當多人認為，年邁雙親為他們正成長中的孩子，提供了日後可資回憶的快樂時光，更能在他們遭逢人生關卡時，提供智慧與撫慰。他們認為與年邁雙親間的關係是雙向的，許多在失去父母時哀痛不已的人，都能告訴你我，照護雙親的經驗是如何滋潤並長養他們的生命。

如果你已下定決心承擔照護雙親的責任，也許你會在與父母重新建立深刻關係的過程中，獲得高度的滿足感。但無論如何，一定要坦誠檢視你們的舊關係，確定彼此關係的品質與強韌度是否足以進入更親密的階段，並一起度過人生的高低潮。

你的身心健康嗎？

第二個該考量的因素，就是你本身的健康情形。你在心理及生理上都要有餘裕照顧另一個可能在生活細節上極度依賴你的人。照顧病人並不輕鬆，由於要定時更換床單與隨身衣物，你必須抱得動他們，你可能還得學會怎麼推輪椅及如何餵食。

若老人家患有痴呆症，可能三不五時就演出「失蹤記」，讓人得在半夜出門尋親。先想一想，你的體力能負荷嗎？

再次要提醒的還是同一句話，坦誠面對自身的極限，真誠地邀請他人共同討論，是最好的解決方法。因身體不適而無法照顧另一個病人，並不是難以啓齒的羞事。舉個例來說，背部不適的人可以勝任每天抱病人上下床的照護工作嗎？每個人都會明瞭其中可能的危險性。此外，正為心理問題或創傷所苦的人，也不適於擔任需要付出大量關懷的照護工作，照護工作本身的壓力，可能會使抑鬱症或精神分裂症惡化。

另一個問題是個性，也許你自己知道，你並不適合照護病人；也許多年以來，你早已習慣獨居的平靜與自在，照護病人必須處理的各項接踵而來的繁雜瑣事，可能會讓你無法消受；也許你是自己見過最沒耐心的人，突發的脾氣可能會在無意間傷害父母。對自己的評估一定要坦誠客觀，全面考量潛力與身心各方面的健康情形，再來決定你是否適合照顧年邁雙親，這樣做總比在多年後才發現自己其實沒有能力好好孝養老人家，甚至為此互相喟嘆要好得多。

距離是不是問題？

除了人和之外，另一個要考慮的因素就是地利。若你的家離父母居處頗為遙遠，也會影響你所提供的照護品質。當然，距離不能阻擋親情，也有不少與雙親分處兩地的子女，在整週的繁重工作和家務之餘，利用週末驅車前往父母居處，替他們採買生活所需及打理家務。但這種兩地奔波的安排非常累人，也往往維繫不了多久。

有人在這種情況下會想，要當孝子得當的徹底一點，搬到離父母家近一點的地方，如此一來豈不兩全其美。不過這並沒有想像中的簡單，第一，在房地產市場不活絡的時候，想賣房了卻賣不掉者比比皆是；第二，此舉也打斷了兒女與另一半原本的人際關係和社交圈，第三，你辭去原本的工作，但到下個地方另起爐灶也未必盡如人意。也許你認為搬家只是暫時的權宜之計，但這只是使你的生涯規劃徒增變

數，畢竟，你無法預測父母需要照護的時間還有多久。

若能婉言勸請父母搬到離你近一點的地方，事情也許會輕鬆一點吧！雖然年邁雙親與外界的聯結較有限，但也應考慮剝奪這些僅存聯結對他們所造成的影響。離開原本熟悉的環境，離開多年的記憶，離開已經結交一輩子的老友，會對身心造成怎樣的影響。爲了讓兒女心安，爲了不讓下一輩有子欲養而親不待的遺憾，就把他們從多年生活的土地上連根拔起，這樣做公平嗎？

除了地利之外，當然也還要考量其他因素。有沒有可能父母繼續住在他們生活多年的城鎮，而你來長期備戰爲隨時可能的照護需要做準備呢？這要看你是否能有效運用時間，打理兩地家務；包括你有沒有方便兩地通勤的交通工具。若讓父母搬來與你同住，你的居住環境適合自理能力漸漸退化的老人家嗎？房子裡有多少需上下的階梯？門的寬度足夠輪椅或輔具通過嗎？也許你必須參考復健師的建議局部整修目前的房子。當然，房子必須要有足夠容納再多一個人的生活空間才行。

最實際的建議必須將財務情況納入考量，如果邀父母同住，意謂著必須減少工作時數甚至辭去工作，你能負荷嗎？老人家是否能習慣你的生活作息？還是由你來習慣他們呢？

開銷能否平衡？

你最好能估算一下，爲照顧年邁雙親所做的調整與犧牲，是否符合經濟效益。當然，這並不是說你該撤回所有原先的計劃，一切爲自己想就好了。只是因爲你也有其他的責任，所以必須考量所做的犧牲對其他人的影響。例如辭去工作吧！這意謂著你失去的除了固定的現金收入外，還包括了指日可待的昇遷機會、未來的退休金、社會地位、工作人脈、外面世界的新鮮刺激……，你不妨估算一下，看看由於照護所愛的人所得的成就及滿足感，能否抵消因此辭去工作的外在損失。

而這一切對生活的其他層面又會有什麼影響呢？你能不能事先預估照護年邁雙親的新責任，會對兒女、枕邊人、朋友造成什麼樣的衝擊？如果需要照護的是另一

半的父母，你對他們的付出，是否會讓你自己的父母吃味呢？而你自己是否會爲新增的額外負擔，隱忍著對枕邊人的怨懟，而造成婚姻生活的裂痕呢？也請你想一想，照護年邁雙親而生的限制，對自己社交生活的影響。如果我們能在承擔責任之前，已準備好接受各種可能來臨的損失，就不會措手不及或日久生怨。

如果你正擔心在家照護年邁雙親，會不會反而對孩子成長有負面影響，而又很難啓齒，最誠實的方法就是直接面對這個疑慮。也許你不希望讓孩子看到祖父母重病的老態（如昏聵或痴呆等行爲），這已足夠支持你決定另謀安養之徑，不需要爲了擔心外界看法而懷疑自己的決定。你的家庭能承受多少因照護而生的壓力，只有你才能清楚的評估，雖然在親情間硬要分出個高低輕重很傷人，但有時卻是不得不作的決定。

你的家庭能承受多少因照護而生的壓力，只有你才能清楚的評估，雖然在親情間硬要分出個高低輕重很傷人，但有時卻是不得不作的決定。

有沒有其他替代方案？

另一個該加以考量的方向，就是尋求其他替代方案的可能性，不見得共住一個屋簷下才是親情的表現。我們將在下一章討論評估雙方需求的程序，專業人士的建議往往正是創造多贏局面的關鍵，只想單打獨鬥其實只會孤掌難鳴。

為人子女者往往在心煩之餘，希望把事情簡化，卻因此忽略年邁雙親的真正需求。當然，若父子母女間意見不和，而你卻仍然非常掛意年邁雙親的安全時，也許你會認為將他們送進安養院是最好的選擇，不過，這往往也正是最令他們沮喪的答案。在這種情況下，不要忘記你還有各式各樣的居家照護可供選擇，或者你可以考慮家居式的安養中心，這樣不但能讓你心安，也讓他們仍能保有獨立的私人空間。

另一個可能是，讓其他手足也一起負擔照護父母的責任，若能將親戚，甚或朋友鄰居構成一個長期提供協助的支持人脈，也許你在照護年邁父母的長期旅途中，就不會有孤立無援的無力感。

茱莉二十八歲時婚姻破裂，在混亂中，她搬回娘家與父母同住。她口中的父母，是那種會讓你我樂於親近的長者，生活中充滿祥和與愛，他們在她離婚時未曾出面干預，之後又給予完全的接納與支持，茱莉對此總是心懷感激。

茱莉的父親史坦利健康狀況並不好，原先就有肺氣腫的他，同時還患有癌症，最後還去動了結腸手術。茱莉照顧父親的五年間，他們一直都能維持著彼此互動良好的關係，在她鬧離婚的那段歲月，史坦利一直都是她的支柱，甚至到人生的最後一站，還留給茱莉一個美好的傷感回憶。在茱莉生日那天，他堅持要出門為茱莉特別挑個生日禮物，當然，以他的體力出門誠非易事，但那天共同選購的手錶，卻是茱莉最珍惜的紀念。

讓其他手足也一起負擔照護父母的責任，若能將親戚，甚或朋友鄰居構成一個長期提供協助的支持人脈，也許你在照護年邁父母的長期旅途中，就不會有孤立無援的無力感。

史坦利病情日益惡化之時，茱莉的母親依莉絲也開始生病，原先為動脈硬化和關節炎所苦的她，後來又得了痴呆症，逐漸失去生活自理能力。茱莉面對雙重負擔，仍衷心感謝上蒼給她回報親恩的機會，雖然她的家庭醫師一再對她所承受的身心壓力表示擔憂，但她仍以能九年持續照護患病母親為榮。在不得不將依莉絲送往日間安養中心接受照護協助，接著又得住進安養院時，她在心中掙扎了許久，不忍心讓母親離開身邊。

依莉絲過世剛滿一年時，龐大的失落感仍不時縈繞在茱莉心頭，尤其是母親剛走的那段時間，茱莉絲幾乎無法承受沒有母親在旁的日子。在仍照護母親時，眼見心愛的人為病痛所苦，就已讓她非常傷感，而與母親互換照護者與被照護者角色，更令茱莉難以適應。但她仍感謝上蒼，因為她知道母親到臨終時一直都還認得她，害怕母親有天會忘記自己的女兒，是茱莉藏在心中的恐懼。

茱莉已經知道自己會有一段脆弱的時間，很小的壓力也會讓她舉止失措，也打不起精神出門。她一直以來都想和高中時代的一位好友聚聚，但光是想到打包出遠門，她就又打了退堂鼓。她知道自己的生活已經進入新的階段，擁有前所未有的自由，但沒有了照護父母的責任後，生活卻好像對不準焦點的相機，一切看起來都模糊不清，過去的心理力量與高度統合似乎不曾存在過。

在撫平雙親驟逝所留下生命鴻溝的同時，茱莉並未放棄開創第二春的希望，也許是那個在離婚後遇到的南美洲男子，對方至今仍期待與她共渡人生。

結論

你也許很難相信在親情與責任這麼重大的課題上，還有人能理性的面對並解決問題。一般人往往在激動中作決定，也許是神聖不可侵犯的責任感，也許是父母的苦苦哀求，讓你決定無論如何都要照護年邁雙親，犧牲再大也無所謂。事先規劃雖然乍似不通人情，卻能讓彼此免於日後的心碎互責，爲父母著想的心願若在一開始就點明，就不容易落入怨嘆命運安排不公的陷阱。

做決定並不容易，此時若能找個人談談你對照護年邁父母感受與規劃的話，可以讓你對情況有更持平深入的理解。最理想的情況是，直接與雙親討論，溝通彼此

及其他家人的感覺與需要，若父母已無溝通能力，或你們之間關係不夠穩定，可以找個對你的處境瞭解至深的人來談。許多照護者在此刻發現枕邊人提供了無價的協助；有些人則由私人醫師或社工人員處得到寶貴的建議；而手足好友，甚或你認識曾有照護年邁雙親的人，都可以是讓你傾吐煩惱並給予珍貴意見的好對象。

最後還是要記住一點，做決定的人是你，承受決策後果的人也是你。你能運用的資源有多少，就代表你能肩負的照護責任有多少。如果你只能在餘暇前往照護，就別因外人的閒言閒語而將罪惡感扛在心頭；如果你決定提供全天候的居家護理照護，也要知道其實你並不孤單，光是英國一地就有近七百萬人口正和你同一陣線，而你所做的選擇，也對社會做了相當大的貢獻。這條路雖然艱難，但也會帶給你意外的喜悅，當下該做的，就是對能使你勝任甚至愉快的可運用資源，做進一步瞭解，下一章會指引你尋求協助

> 做決定的人是你，承受決策後果的人也是你。你能運用的資源有多少，就代表你能肩負的照護責任有多少。

的幾個方向。

3

尋求協助——新多贏時代

為什麼我開不了口？

雖然離理想還有段距離，但我們的社會對家庭照護者的角色與功能其實抱持著正面肯定的態度；我們的社會也認爲，不應讓家庭照護者在爲親人付出關愛時卻孤立無援；雖然尙無法達到有求必應的地步，我們的社會也的確準備了各項支持系統。可惜的是，許多在第一線工作的家庭照護者不知道如何利用這些服務，來適量減輕照護工作的長期壓力。

必也正名乎

主要的障礙之一是，「家庭照護者」這個名詞的光輝，對大多操持照護工作的人士來說，其實非常陌生。我們早就習慣當被父母呵護的兒女，很難想像自己竟然有要成爲雙親「照護者」的一天。先爲「家庭照護者」正名，正是解決問題的極佳起點，身爲家庭照護者，你可以理直氣壯的對外界說：「我是家庭照護者，有權申請政府爲家庭照護者提供的服務。」也讓你容易認出和你同一陣線的夥伴，無論他們照護的對象是兒女或另一半，其實都是相同的。你也可將家庭照護者視爲社會賦予的一項工作，與其他在外工作領薪水者對社會的貢獻並無二致。

疑惑在心口難開

罪惡感和挫敗感是另一個讓家庭照護者遲遲不敢開口的原因，要求協助似乎代表宣告失敗，坦承自己能力不足彷彿就等於要宣判父母進安養院一樣嚴重（雖然這個機率其實不高）。也有人認爲這樣等同於讓年邁雙親接受施捨，也有人擔心讓父母失望。

向外界尋求協助，真的就要和「拋棄父母」畫上等號嗎？也許你我都曾被對自我能力的不切實際期許與過度膨脹的罪惡感所困惑苦惱。這時，想想專業照護者的工作內容與定位，也許會讓人好受並釐清真相，醫師、護士、居家照護員和社工員等專業人士，他們的工作並非二十四小時無休無給，當然，他們之中有相當比例必須每日工作相當長的時間，但不可能連離崗喘口氣的輪休都沒有。你可曾遇過連續工作數週，日夜無休的醫生？若真的碰上了，你敢請他看病嗎？

如果你無法像對別人一樣的體諒自己，那麼你只是讓未來的歲月更不好過而已。有個現象相當奇特．長期的過度壓力，往往會讓家庭照護者在親人不再需要照顧時崩潰。許多家庭照護者長年將自己推出人類耐力極限，長時間承受壓力與習於極少睡眠休憩，對身體警訊的長期忽略，總有一天會使身心崩潰，再也無法承擔照護至親的工作。這對一心想盡全力呵護親人的家庭照護者來說，無疑是件諷刺的事，彷彿一切的努力就是爲了把親人推給外人照顧一樣。

不要讓自己爲固執的「『照護』等於『個人單打獨鬥』」觀念所困擾，外界協助

可以讓你保持足夠清明且更有能力擔負長期照護工作，並不會損害你身爲照護者的光輝與榮耀。天底下哪裡能找到長時間不眠不休的超人呢？

> 如果你無法像對別人一樣的體諒自己，那麼你只是讓未來的歲月更不好過而已。有個現象相當奇特：長期的過度壓力，往往會讓家庭照護者在親人不再需要照顧時崩潰。

又煩又累，拖過一天又一天

疲憊與惰性是另一個阻礙照護者尋求協助的原因．所有家庭照護者在長期工作後都會發現，你清醒後的每一分鐘，都被各項大大小小的即時瑣事所佔據，根本沒有餘力再去多想外界協助的可能，「現在已經夠累了，多一事不如少一事」，光是想到拿起話筒撥號和上辦公廳洽談就令人害怕，就算真的付諸行動了，可還有一堆官樣的申請表格要填呢！光是想像中的麻煩，就已經讓人覺得忙半天，也不見得能申請到，何苦呢？

還好，英國政府的行政單位已察覺到這種困境，現在提供照護者服務的申請流程已大爲簡化，我們在本章稍後會提到相關的改善。雖然實際的服務內容不可能完全符合每個人的照護需求，但仍然值得一試，即使最簡單的服務，也能對你的照護工作產生相當正面的影響。

只有我最瞭解他們

有些人認爲只有自己才最瞭解年邁雙親的需求，因此拒絕任何外界的協助。當然這個理由並無大錯，的確很少有人能像子女一樣，能直覺感受到父母的需要，因此，子女往往是最佳的照護人選。但這意謂著子女是不可或缺的嗎？雙親即使年邁，並不代表他們對外界變化毫無調適能力，新面孔不見得會嚇壞他們，也許還是個新鮮有趣的社交刺激呢！

這種認爲父母離不了自己的想法，與其說是考慮到父母的需求，其實多少也是

爲了證明自己的重要。畢竟，自己照顧慣了的人，交到外人手中照護，總不是那麼快就能想通放下。

年邁雙親的反彈

年邁雙親的強烈反彈，可能是讓家庭照護者無法向外尋求協助的最後一個原因，同時也是最強大的理由。也許在父母威權形象下成長的你，到今日仍然害怕他們口中的「不行！」，更別說鼓起勇氣，違逆他們的想法向外尋求援助。也有可能你太過擔心他們的感受，你擔心他們對於接受外人援助會不自在，你感覺得出他們害怕接受外界「施捨」的心情，你還擔心這麼做會傷害他們的自尊。你真的完全不希望再將這種試煉放在已被老病

年邁雙親的強烈反彈，可能是讓家庭照護者無法向外尋求協助的最後一個原因，同時也是最強大的理由。

折磨多日的親人身上。

無論雙親的反對是多麼有理可循，這時你該做的就是站穩腳步。爲個人身心健康著想，與雙親的情緒的確應該保持距離。一個衷心希望照顧親人終老的好人，不該反被各種不合理的要求所吞噬，甚至因爲沒有個人生活而漸漸喪失自我。這種生活將以十分驚人的速度消耗掉個人的生命力，想想，父母遲早有一天會離你而去，而你可還有長長的路要走呢！保有個人的興趣與社交生活並不是自私的行爲，它們會幫助你在照護之路上走得更穩。雖然父母的確需要你的特別關注，可千萬別因爲害怕傷害他們而犧牲自身需要。

一個衷心希望照顧親人終老的好人，不該反被各種不合理的要求所吞噬，甚至因為沒有個人生活而漸漸喪失自我。

該向誰開口？

家人和朋友可提供的協助種類

多數照護者尋求協助的對象都是他們自己的手足或其他親人，如果父母仍獨居的話，那麼讓手足們排班輪值並不難，只要每個人每星期都花點時間，就可以將父母的生活雜務安排的妥妥貼貼。如果父母親都健在，能夠互相扶持，你的主要責任，就是讓他們有機會喘口氣，並提供支持而已。

如果父母已搬來和你同住，也許你可以安排親友來幫忙，例如請手足每週來個一天或半天，讓你每星期也有機會放假處理個人事務或純粹放鬆自己。若他們住的有點遠，也可以試著請他們偶爾撥個週末或整個星期來你家小住並照護父母，這對雙方來說，可能都是較可接受的安排。

但現實往往不這麼完美，許多家庭照護者光是在列可幫忙親人的清單時，就已經為世態炎涼而感嘆不已。當初決定扛下照護雙親責任時，你也許認為其他人不會袖手旁觀，在需要時一定會出面幫忙吧！但殘酷的事實通常是：那些一開始不會自願承擔照顧父母責任的人，一旦有人照護父母後，就更不可能出來再多幫一點忙了。這也許是因為他們缺乏同理心與想像力，無法瞭解長期照護的重擔與壓力；也有人是天生的鐵石心腸。無論如何，我們的社會不該讓家庭照護者陷入孤立無援之境。

有其他許多因素會使得照顧父母的責任不容易分工：也許手足本身的生活環境並不好、另有重擔而無法分身幫忙、身體狀況無法負荷、住得太遠……這林林總總的因素，都會使他們無法為他們的手足分勞，為父母盡心。

發現至親手足都幫不上忙，並不是件好受的事。更糟的是，父母對這些不得已還可能有不同的想法。也許他們會鎮日期待你那缺席的兄弟姊妹，反倒對長年侍親的你冷臉以對，這種不公平的感受的確會令人非常不舒服。

家人間若能達成分工上的共識，會讓一切順利許多。當然，這過程中，問題是難免的。如果沒有其他家人可提供幫助，爲什麼不向外尋求資源與支援？

黛安已經陪伴母親，朵莉絲，走過多次病魔的侵襲。黛安八歲時，朵莉絲就已經動過幾次切除乳房腫瘤的手術，到黛安十四歲時，朵莉絲開刀切除乳房，幾年後又切除了子宮，健康不佳的朵莉絲仍然照顧比鄰而居的母親，毫無怨言。

也許是朵莉絲自身立下的榜樣，讓小黛安在母親健康日益惡化的幾年中，同樣接下照護工作。黛安在二十二歲結婚，三個小寶寶隨之接踵而來，在孩子進入青春期後，就在黛安正想好好規劃自己生活方式的同時，朵莉絲的身心健康卻逐日惡化：七十五歲住院接受膀胱與直腸重建手術；二年後心臟病發作，連走上二樓都有困難；一九九一年五月，朵莉絲搬到一樓去住，不到一年，開始有精神病與妄想偏執的症狀。

黛安和另一個姊姊輪流接朵莉絲到家裡住，這段期間，朵莉絲體重急劇下降，黛安兩姊妹除了輪流照顧外，她們也申請了午休時間與每週一的居家看護服務。

雖然盡心盡力，黛安仍然覺得自己太過自私，不值得母親的感謝與尊重。唯一能讓黛安感到欣慰的是，她在母親最後的幾年，花了些時間陪坐床側、傾聽。她們一起回憶童年、回溯朵莉絲的一生，黛安把朵莉絲住過的地方都照了相，蒐集在一整本相簿裡，藉由這本生命之書的回顧，母女間的愛與理解不斷增長。

照顧母親半生的朵莉絲也常提醒黛安，即使會徬徨不知所措，照護歲月絕不會空過。黛安如今回顧起這段時光，覺得母親的話絕對沒錯。雖然朵莉絲過世一年後，黛安遭受了心臟病的折磨，但她還有自己的夢要圓，那是當年她因結婚生子而擱置的雄心壯志，現在她還去攻讀學位，希望未來能從事音樂治療的工作。

現在唯一會讓黛安懊惱的是，朵莉絲在臨終前幾年接受的精神治療。在朵莉絲去世前兩星期，因心臟病再度發作而接受了一連串的治療，那段期間朵莉絲的精神病症完全消失無蹤，到現在黛安兩姊妹還想不通，這到底是哪種藥的神效所致。

家庭外的可用資源

一旦你認爲接受外界援助可行後，第一個問題就是：「有哪些服務？」「如何申請這些服務？」對照護者而言，好消息是，由於法令的進步與社服部門的努力，申請的過程已經簡化不少；但壞消息是，由於僧多粥少、需求者眾，你居住的地區也許還無法提供足夠的協助資源（這和目前台灣的情形相彷，台北市的資源豐富，往往是其他縣市所莫及）。

英國在一九九〇年制定的「國家健康服務與社區照護法案」中，已經提出照顧殘障者的配套措施，並已於一九九三年四月正始上路。在這項方法中，殘障者的需求由各地的社會局處進行評估，子女也可爲父母申請評估。一九九六年的「正視家庭照護者與相關服務」法案中更明文規定，家庭照護者可單獨申請家庭照護者個人需求的評估。這些相關部門的電話可在居住地區政府部門的清單中找到，倫敦地區可向市議會查詢，其他城鎮可向當地議會或直屬管轄縣市詢問，蘇格蘭地區則列於各行政區議會之下的「社會工作」部門，北愛爾蘭的經辦單位則爲各地衛生機構及社會服務委員會。

申請後，承辦單位會進行面談以確定所需要的服務項目，並擬出一分「照護計畫書」，列出可得的服務內容。無論當地社會局處的經費是否足夠，都必須安排並提供服務。申請者在提出評估要求前，最好能先列出一張自身所需服務的清單。雖然評估本身免費，但地方政府可以根據所提供的服務種類來酌收費用（地方政府必須提供補助，不得向申請者收取全額費用，也不得造成被照護者的經濟困難），申請者若認爲費用不合理，可逕行提出質疑。

照護計畫書中會詳列申請者個案的細節，以及承辦人員的姓名，這就是你的照護計畫的專屬經紀人。這項配套方法上路之初，的確問題重重，例如：評估申請表被莫名其妙地打回票；申請評估、服務的等待時間過長；甚至在評估通過後，當地社會局處卻又拒絕提供服務。

申請者若不滿所受待遇，也有申訴管道可循，若口頭申訴無效，申訴者可進一

步以書面方法提出申訴，所在地的社會局處必須在二十八天給予正式回覆。若無法得到滿意答覆，申訴者可投訴至申訴委員會，委員會由三人組成，至少要有一個是中立人士，他們將會對社會局處主管提出建議，到這個階段，會有一名義務性質的律師指派給申訴者，當地政府的監督官員以及監察委員也是可行的其他申訴管道。

英國的照護者國家聯盟出版了許多有用的小冊子，內容包括社區照護制度的運行方式、如何申請評估、如何申訴，並設有照護者電話服務專線（CarerLine: 0171 490 8898）接受個別問題的查詢，這些都能幫助照護者在正式洽辦前更進入狀況。

雖然各地的社會局處在評估與分派服務上握有主導權，但他們並非是唯一的求援管道，其他如衛生機構或許多獨立機構，都有專爲照護者設計的套裝服務。事實上，一九九○年的「國家健康服務與社區照護法案」中，已經將社會局處由「服務提供單位」逐漸轉型至「服務調度單位」，因此英國許多地區的社會局處都將原先所直轄的療養院所出售，放手讓私立機構或義工組織來提供服務，政府單位的工作就是視察並評鑑這些機構，由於許多獨立機構與社會局處間有契約的合作關係，這使得社會局處對他們擁有相當的控制權。

申請評估還可能是整個流程中最輕鬆的一環呢！如果你負擔得起，大可直接聯絡能提供到宅服務的機構或私立的安養機構，也可以與安養機構簽定合約，讓他們來為你提供喘息照顧。

無疑地，評估程序本身就是一個幫助當事者釐清瑣碎細節的絕佳工具。為了讓一切順利，最好在申請評估前先把可能提供的服務種類在腦海中想過一次，新手上路的照護者特別該先作這項功課，在考慮時盡量想得長遠些，想想你最渴望的是哪些服務種類（也許是每星期固定某天下午的休息，或是偶爾放整個星期的假，還是有某項特別吃重的照護項目需要專人的幫忙），這樣可以讓你在接受評估時，能提出一套完美的理由，爭取到適合的服務配套。必須先謹記在心的是，並非全國各地都能提供質量相同的服務，只要搬過家的人，都能感受到明顯的區域差異，千萬別以為甲地有的服務，乙地的政府一定會提供。

資訊與建議

一般家庭照護者初期最希望知道的，應該是父母親病情的醫護資訊，包括診斷、預後（也就是病情進展的可能方向）的細節與最佳照護方式。如果你的父母已不良於行，你可能還得學習如何移動病人。此外，家庭照護者可能也會需要法律與財務方面的相關知識。

家庭醫師通常是這些知識最直接的來源。當然，每個人與自己的家庭醫師間的互動經驗都不同，有些人對家庭醫師讚不絕口，有些人視與家庭醫師打交道爲畏途。家庭醫師和社工人員一樣，扮演著爲照護者開啓協助之門的守門人角色：讓承擔照護工作的人正視「家庭照護者」的定位，介紹政府所提供的福利政策。可惜的是，多數的家庭醫師只負責提供醫療資訊，未及發揮該項功能。身爲家庭照護者的你，應該盡量向家庭醫師請教父母病情的相關問題，你可以當場作筆記以幫助記憶，也可以將談話內容錄音，這些精確的資訊可說是家庭照護者的得力幫手，讓你能對未來可能發生的情況事先作好明智的規劃。

醫護人員並非取得醫療資訊的唯一管道，許多機構成立的目的就是爲了幫助病患與其最親近的家人，其中包括了著名的阿茲海默症學會（Alzheimer's Disease Society）、關節炎照護協會（Arthritis Care）、癌症聯盟（CancerLink）、巴金森氏症學會（Parkinson's Disease Society），以及其他爲年長者與照護者成立的慈善組織，如高齡關懷協會（Age Concern）、高齡協助協會（Help the Aged）、諮商與照護協會（Counsel and Care）。

關於照護方面，最簡便易行的方法就是以電話聯絡英國的照護者國家聯盟（the Carers National Association），這個聯盟也提供小冊子，而且多半是免費的。只要少

許年費就可加入會員，可定期收到會員簡訊。

最後別忘了，也許在住家附近就有提供照護者資訊的機構，例如前面提過的高齡關懷協會與照護者國家聯盟，在許多地區都有分會。各地的政府機關也會出版相關服務的索引資料（大部分免費），內容包括提供殘障者與照護者服務的機構清單，即使這些資訊無法隨時將最新成立的單位包含在內，但仍然十分具有價值。英國的皇家照護者信託基金正在全英各地成立照護者中心，多半都位於各地的主要街道上，讓照護者能趁購物之便前往詢問求助，注意一下，也許你所在的地區就有這樣的一個中心呢！

我能休假嗎？

休假的重要性無庸置疑，全年無休式的照護工作，不可能爲雙方帶來快樂的記憶。

所謂的「喘息服務」有許多種方式，目的都是希望能幫助家庭照護者從繁重的照護工作中暫喘口氣，其中包括每週固定幾個小時的短期安養，像夜間安養服務，至少能讓家庭照護者擁有完整不破碎的夜晚；有的也提供較長的服務，讓家庭照護者能一次享有較長

全年無休式的照護工作，不可能為雙方帶來快樂的記憶。

的休假（例如每隔幾個月休假一或兩星期）。你可以先想想看，哪一種方式是你迫切需要的。

即使同爲英國境內，各地所提供的喘息服務種類也可能不同，這方面成效最著的應該是轉捩協會，這是專爲紓解家庭照護者壓力所成立的少數團體之一，該協會提供照護護理計畫，經費主要來自各地方政府的補助，因此該協會在各地的作風可能不同。他們提供的服務項目也會有所差異，也許甲地的使用者必須付費，而乙地的使用者卻能免費享用，而某些服務則專爲特定年齡層的被照護者所設計。轉捩協會的目標非常簡單扼要：提供替代照護，使長時工作的家庭照護者能有時間休息。無論家庭照護者選擇外出或就是待在家裡好好放鬆一下，都無所謂，家庭照護者是所有服務的終極目標核心，轉捩協會希望做的不只是提供實體的幫助，還希望能給予真正的友誼與支持。

當然，也有其他機構提供喘息服務，有些是公益團體，有些則是私人單位。最普遍的喘息服務是，由這些單位派員，每週固定幾個小時，免費或酌收若干費用。

這些單位派出的照護者事先都經過遴選與訓練，由於大多家庭照護者都不會放心將親人貿然交由生人照顧，因此最好能利用最初的幾次喘息服務與居家服務員建立關係。雖然有經驗的協調專員通常能安排最佳拍擋，但你仍保有要求更換居家服務員的權利。有些喘息服務提供夜間安養，居家服務員會在你家過夜並負責照顧，使家庭照護者得享完整睡眠，對於老得在夜晚起身照顧病人的家庭照護者來說，這項服務可謂無價之寶。

除了臨時安養服務之外，也有其他的喘息服務形式。特別對白天還要外出工作的人來說，日間安養中心可能是不錯的選擇，也讓原本白天單獨在家的老年人得以保持對外界的聯繫，日間安養中心一般都會安排接送，並且還提供腳底按摩等復健治療。當然，每個日間安養中心的服務種類都可能不同，老人家可以每天都去，也可以每星期只去一兩天。英國境內的「午餐會」也頗普遍，這類午餐會通常由公益團體開辦，除了可以解決民生問題，也是高齡父母接觸外界社會的一個管道。

較長時間的喘息服務，可以讓家庭照護者在連續幾個月的工作後，得到一兩週

的休息，但這通常需要醫院或護理之家、安養院特約病床的配合，而且會酌收費用。家庭照護者可依自身需要選擇時間不等的喘息服務，英國的照護者國家聯盟也有相關的說明書可供查閱。

對曼蒂來說，照顧生病父母絕非中年人的專利，二十五歲那年，她已嘗過在病床旁守候的滋味，為了照護後來因霍金奇氏症而病故的母親。幾年後，曼蒂與羅伯結婚並育有兩子（三歲的艾美與十四個月大的威廉）。就在他們籌劃搬家那段最忙的時間，婆婆蘿絲因肺癌亡故，她的病發現得太晚，連手術都來不及了。

蘿絲過世後，曼蒂每天帶孩子去探視公公法蘭克。沒多久，在某個下午，正要動身到曼蒂家與孫子玩的法蘭克遲遲未到。曼蒂急忙趕去，發現公公癱倒在前門。沒有鑰匙，曼蒂只能無助地等待救護車，跟在一旁的艾美努力地試著把小手塞進信箱口，抓住爺爺的手對他說話。孩子們與曼蒂一同搭上往醫院的救護車，醫院診斷結果是重度中風。

接下來的是連續幾個月以醫院為家的復健生活，曼蒂也著手安排接公公回家同住，她相信家庭生活才是幫助法蘭克熬過這一關的重心。曼蒂也從沒考慮過，自己能不能同時照顧兩個幼兒和一個不良於行的老人。現在回想起來，儘管不再像那時的信心滿滿，但曼蒂知道如今的她還是會做同樣的決定。法蘭克剛回家時，眼不能看，口不能說，腿不能行，而且還有失禁的問題。那時的曼蒂對社福協助與相關輔具毫無概念，定期來探視孩子的公共衛生護士與法蘭克的復健師幫了不少忙，他們充滿體諒的仁慈態度讓曼蒂吃了定心丸。

但在另一方面，曼蒂仍是孤軍奮鬥的時間多。偶爾會有朋友來幫忙照顧法蘭克或照顧兩個孩子，但他們沒有一個認為自己能夠同時照顧三個，這使得曼蒂毫無徹底休息的機會。只有曼蒂自己的父親傑克，他與法蘭克原本就是好友，會把法蘭克接到自己家中，讓曼蒂一家偶爾也能享受一整個星期的假期。

曼蒂能撐下來，主要還是因為她與法蘭克的相處融洽。法蘭克待她如己出，而且個性溫和慈愛，幽默感更是一絕。公公給孩子講故事的畫面不僅令人倍感溫馨，她也看到，在孩子的陪伴下，公公的健康日漸復原。可惜的是，在三、四年後，曼蒂自己的身體垮了下來，梅尼爾症時而復發，最後還得了兩次肺炎。顯然曼蒂無法在家裡繼續照顧法蘭克，羅伯開始著手尋找適合的安養院，法蘭克於一九九一年逝世前，在安養院裡又待了兩年。

曼蒂和羅伯負擔了大部分的安養院開支，被帳單壓得透不過氣來。夾在父親與妻子健康的兩難間，羅伯更是氣沮，雖然他愛父親，但父親當年因為不善理財而讓母親終日焦慮的陰影，似乎也籠罩在他自己的妻子身上，這些錯綜複雜的感受讓他飽受罪惡感的煎熬。

現在曼蒂和羅伯最擔心的，是這段照護歲月對威廉造成的影響。威廉現在十一歲，姊姊艾美還記得一些甜美的往事，但威廉卻只記得這幾年的家庭壓力。威廉晚上睡得很差，每晚都會跑到曼蒂和羅伯房裡，檢查他們是不是還在家裡。法蘭克遷往安養院時，威廉只有四歲大，不懂事的他對曼蒂十分生氣，覺得都是她把爺爺趕走的，同時也害怕如果自己不乖就會像爺爺一樣被送走。現在威廉正在接受諮商治療，處理這一段回憶。

對曼蒂來說，照護經驗正在她的人生中發揮正向力量。她現在於某公益團體工作，為家庭照護者安排喘息服務。能設身處地為家庭照護者的需求考量的她，在這份助人工作中得到深深的滿足。

實際的協助

家庭照護者的每日實際工作量相當驚人，因此，對年紀較長或健康較差的照護者來說，居家服務或居家協助等切實有用的協助更符合需要。請社會局處安排專人，解決老病居民的三餐、採購，甚至穿衣等私人事宜，雖然現在較少提供打掃方面的服務，但這類服務仍相當受高齡人士與家庭照護者的歡迎。在英國，社會局處會根據申請人的需求，安排居家服務員或居家護理員定期前往家中協助。

如果家庭照護者無法與父母親同住，又擔心父母親的飲食是否正常的話，餐飲宅配是相當有用的服務。當然，上述這些實用的服務也是要收取費用的。

安養機構的資源

如果你覺得某些照護項目讓你吃不消，在英國，健保的給付內容包括派區域護士前往你家協助注射、更衣，並給予建議，每星期一至兩次。若照護的對象是癌症等重症末期病患，也可以申請更密集的服務。若你選擇安寧照護，護士在病人臨終之前，會開始將照護工作交接給家屬，使病人能夠盡量留在熟悉的家中。

也許居住地附近的衛生當局，有提供家庭照護者專業醫療諮詢，這些訓練講座非常有用，例如教導家庭照護者移動病人的技巧。如果雙親有心理方面的問題，也可以向社區精神護士尋求支援與建議。

經濟與法律方面的協助

對許多家庭照護者來說，金錢正是最大的煩惱。爲了照顧生病的父母，照護者多半必須辭職或是減少工作時數，但收支減少的同時，開銷卻往往大的驚人。舉例來說：有不良於行成員的家庭，爲了保持室內溫度的恒定，冬季的燃料費用往往會高的驚人，失禁病人也往往會使洗滌的開銷大爲增加。

許多照護者完全不知道國家所賦與的相關福利。如果父母親在六十五歲以下，還有殘障生活津貼可領，這分津貼包括了兩部分：

❑ 個人護理補助：金額依當事者的殘障程度，分三級核發。

❑ 交通補助：分兩級核發。

如果父母親超過六十五歲，就無法支領交通補助，但可領到的護理津貼通常相當於殘障生活津貼個人護理補助金的中重度等級。

如果父母符合領取中重度殘障生活津貼的資格，而家庭照護者未滿六十五歲且每週實際照護時數超過三十五小時，就有權申請專爲家庭照護者設立的照護津貼，該津貼的立意是彌補家庭照護者因照護而損失的工作收入，因此已領有傷殘津貼者不得申請。

低收入者若每週工作時數不滿十六小時，在工作所得之外，還可以申請薪資補助。舉例來說，只靠微薄國民年金生活的人，就具備申請該項薪資補助的資格。領有薪資補助的家庭照護者，同時也享有家庭照護者保險。依個別經濟情況差異，還有其他福利金或優惠可申請：

❑ 減稅。

- ❑ 減免汽機車道路稅額。
- ❑ 各地政府的住屋補助。
- ❑ 領有薪資補助者，還有社區照護補助可供申請。

爲殘障者與家庭照護者進行財務規劃，膽大心細的程度不輸掃雷專家，這種事不是每個人都能給意見，要知道，每個家庭照護者的情況都不一樣，需要專家的協助才可能使收入最大化，你可以向當地社會局處的福利諮詢服務處求助。在英國境內，你可以打照護者國家聯盟的照護者專線（0171 490 8898）詢問，該聯盟也備有各項福利金的詳細資料。

另一件麻煩的事是，由於父母親足不出戶或精神狀態不佳而失去行爲能力，許多財務事項都必須由家庭照護者代勞，申請的福利津貼也必須轉到照護者的戶頭才方便運用。如果父母親有來自政府補助以外的收入，家庭照護者可能還得申請他們帳戶的代管權，以便在父母親失去行爲能力時能爲他們處理金錢方面的往來。英格蘭或威爾斯的居民可以到保護法庭辦理，愛爾蘭與蘇格蘭地區的手續則有稍許不同。當然，照護者國家聯盟也有這方面的資訊或諮詢服務。

慈善基金是另一個常被家庭照護者忽略的經濟來源，其實，許多基金的成立目的，就是希望能給需要的人適時支援，特別是那些陷入困境的高齡者。有需求者可向這類基金申請一次較大筆的補助，例如用以購買輔具或安排假期之用，此外，也有較小額的生活津貼與衣食津貼可申請。某些基金依照申請者過去的工作背景來核給津貼，某些基金則只發給具某種殘疾者，但大多數的慈善基金沒有對象的限制，英國各地的圖書館都有這方面的資訊。不過，多數基金會只接受轉介申請，例如由社工員代轉，或由各諮詢中心轉介。

專門輔具

適當的輔具能爲殘障者的照護工作帶來極大的改變，並爲家庭照護者節省可觀的精力與時間，更可以增加父母親的獨立性，這些輔具包括了殘障者專用床、起重器具、方便上下樓的有座滑車，以及各式各項方便進食更衣的小器具。

英國各地的衛生機關或地區政府都免費提供許多這類輔具，有些項目會收費，但是也有各種購買輔具的補助金可申請。家庭照護者可以郵購或參觀用品展等方式，選購這些輔具，並向社會福利基金申請補助。如果原住屋因照顧病人需重新裝修，也可以申請整修補助或較小額的修繕補助。最後，還可申請殘障設施津貼，以改善居家內部及附近的設施，使殘障者的行動更方便自由。當然，在實際購買之前，你應該先向復健師請教如何選擇最適合的輔具，照護者國家聯盟與皇家殘障復健協會也提供裝修與輔具方面的諮詢服務。

友誼與諮商

身爲家庭照護者，如何面對傷痛也許是最重要的事。雖然後面的章節將對這方面的協助提供更詳細的討論，但不妨在此先介紹一下「照護者支持團體」。這是各類爲照護者設立的自助團體的總稱，許多這類團體都隸屬於照護者國家聯盟之下，其功能就是希望爲照護者營造一個能暢談自身感受、共同討論因應之道的人性空間。除此之外，國家健保服務或公益團體也是另一個尋求情緒支援的管道，公益團體如CRUSE與RELATE分別提供喪偶與關係方面的諮商。對多數家庭照護者來說，諮商的確能有效幫助他們面對痛苦的感受，並解決各方面的難題。

提供給少數種族的協助

來自他國的家庭照護者，通常會面臨更大的壓力，現居地所提供的服務也許與母國文化大相逕庭，語言不通也會造成向外尋求協助的障礙。在英國境內，各地對文化差異的敏銳度都不同，居民種族越多的地區，越能體察各種族文化的特殊需求。

但無論如何，居住地的社會局處至少在評估階段都應該安排專人翻譯，並提供以申請人母語及英語寫就的文件各一。也有些服務是專爲少數種族的高齡者所設計，例如，有些日間安養中心會提供特殊飲食，並協助高齡者奉行特殊的文化與宗教傳統。文化背景不應該是阻礙任何人申請福利與協助的絆腳石，你我大可化不滿

爲力量，爲少數民族爭取更多的福利。

結論

由於法律早已賦與照護者申請各項服務的權利，家庭照護者應先克服自身對向外求助的心理障礙。孤軍奮鬥式的照護通常不會有什麼好結果，儘管不是每個家庭都能申請到最適合的服務種類，但外來的協助卻能爲困境帶來戲劇性的轉機。

4

關係圓滿好自在

你和父母的關係

五十三歲，失業中的莎拉覺得，自己彷彿掉進了一個陷阱：在這個尷尬的年紀，新工作的希望非常渺茫，如果不搬去與需要照顧的母親同住，等著她的就是一貧如洗的流浪生活；照顧母親這檔事，竟然在這個時候成了中年女兒的生活保障。莎拉不禁擔心著，要是有朝一日媽媽得住進安養院，她就連這棟棲身之所都沒了。

事情開始於一九八〇年，那時莎拉的母親蘿蘭已是八十出頭，眼睛開始看不見，身體也一直衰弱下去。莎拉注意到，隨著母親視力的衰退，她也越來越吹毛求疵，脾氣也越來越差，甚至在莎拉失業無法繼續負擔家計後，還四處指控女兒懶於工作。

一九八五年，莎拉自己得了肺栓塞，在她生病期間，母親搬到另一位寡居的姊姊家裡讓她照顧，蘿蘭的霸道與掌控欲，讓姊姊氣得發誓以後決不幫這種忙。莎拉

的這位姊姊還是所有親戚中，唯一願意在輕描淡寫的探視之外，真正幫點忙的呢！其他人連陪蘿蘭坐坐聊聊天，好讓莎拉休息一下都不願意。現在雖然蘿蘭都已經過世一年了，但兄弟姊妹的冷淡，仍讓莎拉想到就心酸。也許是因為遺產讓大家感情都淡了吧，這群各自擁有財產的兄弟姊妹們為了瓜分遺產，不惜讓莎拉再度陷入財務困境，這種場面與對話發生了不止一次。

蘿蘭非常排斥所謂的「喘息服務」，她喜歡一切都照她在自個兒家裡的習慣來，只是她的健康情況又不佳，莎拉不得不請社會局代為安排幾個星期的安養服務。此外，有位家庭協助專員每週來訪兩個小時，再加上轉捩協會派來一位每星期三晚上陪蘿蘭聊聊天的看護，這都讓莎拉感謝不已。到莎拉自己也體力不繼的時候，她才再添雇了一位每週來一次、幫忙洗澡的護士。

莎拉好幾次被蘿蘭的話傷得很重，支撐她一路走來的唯有宗教信仰，以及教會裡鼓勵她、聽她說話的教友。蘿蘭在心臟疾病的圍攻下，於一九九四年以九十六高齡撒手人寰，留給六十多歲的莎拉精神方面的幾近崩潰與殘燭般的人生。現在莎拉已經振作起來，決定給自己一個新的開始，將老媽和過去留在成堆的記憶與照片中。剛從一場大病痊癒的她，滿心期待嶄新的未來。

家庭照護者與父母的舊關係，是決定新照護關係的關鍵。照護工作歸納起來，也不過就是「關係」二字而已：一段充滿溫情與互敬的關係，足以激發平凡人抵擋試煉的所有潛能；立足於衝突、誤解、憎恨的關係，是不可能維持太久的。

且讓我們稍作佇足，回頭想一想我們成年後與父母的關係品質。通常，照顧長者遠比照顧失能伴侶或子女更具挑戰性，比較極端的情況下，家庭照護者甚至會有被責任感與過去關係的影響兩股力量撕扯的感受。反過來想想看，照顧生病子女並不會造成照護關係的改變，我們只是將父母原本就得照顧子女的角色多延伸一點而已；同樣地，如果需要

照護工作歸納起來，也不過就是「關係」二字而已：一段充滿溫情與互敬的關係，足以激發平凡人抵擋試煉的所有潛能；立足於衝突、誤解、憎恨的關係，是不可能維持太久的。

照顧的是伴侶，既有的身心親密關係也能讓新的照護關係更爲流暢，因爲我們與伴侶之間本來就是平等的，而且對方是我們願意共度今生的人選。

但父母就是另一回事，一般人所謂的「成年」，其實主要是學習如何擺脫父母親的控制，另外開創人生。成年後的生活經驗、大異其趣的生活方式與價值觀，都可能在你我與父母之間築起了一道牆。存在於成年子女與父母親間的也許是空間上的實質距離，更有可能是心理感受上的微妙距離。父母親也可能令人不太舒服，看著他們，就彷彿是對著鏡子，與自己最不起眼的那一部分對看著，也像是提前觀察歲月對我們未來音容笑貌的預告片。有趣的是，親子間性格上的摩擦，往往源自雙方性格中相似的部分。另一個危險是，你的某一部分也可能會提醒他們，讓他們想起配偶身上最不討喜的特質。

子女對父母親懷有憎恨並不是罕事：也許你的父母從來沒試著了解、接受過你；也許在你的生命中，父母正是干擾、嚴厲、過度要求的代名詞；父母總是對你視而不見，甚至凌虐。也許父母親的口角、分居甚至離異，正是你童年苦痛的來源，而你對繼父母的印象只是一連串不愉快的相處回憶。

大多數的親子關係是長篇累牘的愛恨史詩，很難簡化成幾個清明的意象翦影。與向來陌路相待的父母親共同踏進需要大量親密的照護關係，不但令人不自在，甚至，在某些情況下最好是能免則免。西方人已有好幾個世代不再崇尚家庭的至高無上，即使是仍尊重傳統家庭力量的其他民族，也有證據指出，群居對大多數人都會造成壓力。

與姻親的關係則又是另一回事了：雖然有很多人能與配偶的父母相處愉快，親密之情遠勝於自己的父母，但也有人打從踏進家門開始，就面臨著莫名的敵意與排斥；也有些人與公婆或岳父母彷如陌路，根本沒有辦法建立親密關係；還有些人則是夾在長年不和的配偶與其父母之間，成爲雙方意見不合時的傳聲筒與拔河繩。

過去和父母共度的日子，應該能相當程度地幫助你了解父母親的人生觀，在這方面，配偶父母親就彷如外星人般難以了解，他們的觀念、生活方式、價值觀都是那麼的陌生（甚至水火不容）。畢竟，你是你父母親手塑造出來的，而配偶的父母也

許來自完全背道而馳的生長環境，這些差異都可能導致挫折沮喪與關係緊張。

多數家庭照護者與受其照顧的父母都證實，照護是一種憑感覺的關係，在實際情況中，這些感覺往往是喜怒哀樂愛恨交織，舉例來說，家庭照護者往往覺得自己有責任接下照護工作，也非常樂意在父母親最後的歲月陪他們走這一段，但許多照護者還是會在這段關係中感受到緊張與挫折。也有家庭照護者以讓父母舒適滿足爲要務，只要能讓他們把握最後的短短機會，回報當年父母養育的恩惠與辛勞，他們就能感到無比的喜樂與驕傲。

以下是多數家庭照護者在維繫關係與照護工作間，常遇到的難題：

「媽媽不再是往日的她」

無論就哪個層面來看，這句話都有點多餘。想想看，要是父母親一切都保持原狀，也不會需要我們爲人子女的來照顧。當然，疾病對每個人的影響都不同：有些幸運的人會發現，除了行動不便之外，父母親的手采依舊；但有些人卻只能心痛地眼見著疾病對父母親心智的效應，爲阿茲海默症所侵襲的病患家屬應該有最切身的感受，父母親雖然肉體還健在，卻彷彿換了個人似的，昔日的他們似乎早已離去。

痴呆症影響的層面非常廣泛，對大腦功能的影響更是親人最不樂見的，例如妄想症：父母會指控子女總是想謀害他們，並以粗暴的肢體動作及語言來防衛他們自己，甚或主動攻擊他人，這種人格上的反常往往正是疾病的效應。說真的，聽到一個向來文質彬彬的老人家滿口令人毛髮直豎的江湖粗話，實在很難適應。

老年痴呆症對家屬的另一個直接屈辱是：患者會失去認得心愛家人的能力。這是對親子關係最直接的挑戰，也往往最令人心碎。

失能對父母親的性格還有其他間接的影響：例如因行動不便而導致的長期挫折，可能使父母親的脾氣又臭又硬；或者長期的病苦使病人失去耐性；另外，對於病痛的憎惡、對老之將至的難以接受，都是可以理解的感受。這些情緒長期下來可能會導致憂鬱症，由於高齡者的憂鬱症非常常見，卻往往被忽略，所以這是一個家

庭照護者應該去深刻認識的疾病。而且要知道，目前已有數種療法可緩解憂鬱症的症狀，千萬不要認爲這是老年人的專利。

失去親人是另一個會造成高齡父母性格劇烈改變的因素，對老人家來說，失去終生伴侶與世界末日沒什麼差別，想想看，一個攜手互賴長達數十年的伴侶，等於佔了老人家一生的大半篇幅，失去了對方，人生的意義頓時也索然無味起來。對子女來說，在承受喪親之痛的同時，還要去處理仍健在的父母親的情緒，也會令人十分沮喪。

最後要提的是，有許多處方藥物都會附帶造成性格方面的變化，帕金森氏症的常用藥正是其一。通常醫師在開立這類藥物前，會要求家屬仔細觀察患者用藥前後的差異，以確定副作用的影響範圍。

知道父母親性格改變的原因，也許可以幫助家庭照護者更如實地面對這些變化所引起的悲傷與挫折感。認爲親子關係是永恒不變的這種想法非但不切實際，也會阻礙雙方調適的腳步。家庭照護者可藉由與其他照護者的談話中，學到與痴呆症、中風病人溝通的技巧。無論如何，新的關係平衡會在一段時間後浮現。要付出耐心，試著不要因爲疾病對溝通能力所造成的後遺症而譴責父母，要記得，語言不是唯一的溝通方式，擁抱、觸摸等簡單的肢體動作，一樣能傳達心中的愛。

「整個世界都反過來了」

照顧失能的高齡父母在某些感受上總是有點不對勁，被呵護慣了的子女，反過來照顧今日如小兒般的父母，總是會隱隱約約有種關係失衡、世界顛倒的錯亂感受。

所有的子女在遭遇困難時，總會有股想要回到父母身邊接受保護的本能衝動（當然，前提是父母親必須值得信賴）。小

> 要付出耐心，試著不要因為疾病對溝通能力所造成的後遺症而譴責父母，要記得，語言不是唯一的溝通方式，擁抱、觸摸等簡單的肢體動作，一樣能傳達心中的愛。

時候，總是父母親守候著孩子，雖然，在我們日漸茁壯後，會知道父母親也需要我們，但通常我們不會主動去改變從小形成的心靈印象。何況，在長大成人的過程中，他們主動塑造我們的生涯、在我們成家立業生兒育女後伸出援手，感覺上，父母親就像巨人般的屹立不搖。

發現半輩子來屹立如山的父母親，在踏入人生後半時，開始需要兒女的幫助，會讓大多數的子女心頭一驚。有些感覺會讓我們希望暫緩照顧父母的責任，父母親的自尊與驕傲正是其中之一，向兒女伸手是許多父母親不願意做的事，更別說讓子女服侍最基本的飲食便溺之事了。到了老年竟然要靠孩子們才能順利解決方便問題，這恐怕是當年訓練孩子如廁時所料未及的。

有些家庭照護者發現再也無法向父母傾訴煩惱時，難免生出惆悵之感，這時才開始發現，原來父母親也會有自己的問題。過去雙向的溝通突然縮減成單向，剩下的空虛完全要靠回憶與過去的愛來彌補。過去在付出與回報間運作順暢的關係，在失去互動後，可能會製造出相當大的壓力。

「他老是拿我當孩子」

家庭照護者與高齡父母的角色交換，在父母親無法正視子女為獨立成人的情況下，會更為複雜。父母親會在新的角色中，繼續試圖操縱成年子女的人生。對子女來說，要照顧一個向來強勢、專權、從未尊重子女意見的父母，是非常艱苦的責任。即使在新的局面下，子女仍須時時戰戰兢兢，生怕又「犯錯」惹得老人家大發雷霆。

父母對成年子女的尊重，才是維繫親情的更好方式。

「她就不能替我考慮嗎？」

與掌控慾互為表裡的另一個專制父母傾向，就是拒絕替子女考慮、拒絕合作。有些家庭照護者，因為父母執拗地拒絕外界支援、醫療資源、喘息服務，而瀕臨身心崩潰之境。拒絕合作的父母親會將家庭照護變成另一個戰場，為盡照顧父母之責

的子女只得忍受，長期下來，也許連自尊心都被消磨殆盡。

拒絕合作的父母親會將家庭照護變成另一個戰場，為盡照顧父母之責的子女只得忍受，長期下來，也許連自尊心都被消磨殆盡。

愛麗絲還記得，自己如何用盡一個小孩子的全部毅力試著當個好女兒，但即使是芝麻綠豆般的小失誤，也會引得父母的一頓嚴辭申誡。儘管如此，照片中的童年，也仍然是個快樂女孩的模樣。身為獨生女，愛麗絲漸漸意識到父母親全力栽培的壓力，在人生的各個重要決策關卡中，她不能只傾聽自己的聲音。

身為人母後，愛麗絲覺得每回母親瑪莉來訪，都那麼地令人沮喪與難受，瑪莉總是不斷地干預，卻又不願提供任何幫助。守寡後的瑪莉，仍住在消磨了大半輩子的小鎮中，而愛麗絲與丈夫喬治的家，卻離這小鎮有著相當不小的距離。因此，瑪莉身體不適時，總是要靠好心的鄰居幫忙。到了瑪莉八十出頭時，鄰居已經無法再提供她所需要的支援，這時，愛麗絲的兩個醫師女兒，凱特與莎拉，都建議瑪莉最好能搬到愛麗絲和喬治居住的城市。

雖然搬家對高齡的瑪莉是件大事，但她對新家的熟悉以及與孫女及曾孫們相處的渴望，深深吸引著她。在八十六歲那年，瑪莉整理了大小細軟，興沖沖地搬到與愛麗絲同一條街的公寓套房，這樣的安排是為了讓瑪莉方便中午來用個便餐，另外，只要瑪莉想出門，愛麗絲就會開車接送。

問題很快就開始出現。一開始，愛麗絲的朋友們非常熱忱地對待這位老太太，他們約了時間去拜訪她，但這位老太太卻老是忘了和人約定的時間，讓來訪的人吃閉門羹，幾次以後，新朋友們的熱情也降溫不少。此外，令愛麗絲尷尬的是，瑪莉好幾次在公共場所放話，批評新鄰居沒有人情味，比不上她老家的人們。

就連愛麗絲自己也有體力透支的問題，家務必須在早上的幾個小時內操持完畢，用完午餐後，正是愛麗絲最迫切需要休息的時候，但老媽卻總是在這時打電話來，毫不顧及她的需要。瑪莉不但不讓愛麗絲幫忙整理套房，也頑固地不願戴上防止靜脈瘤惡化的繃帶。雖然瑪莉會在人前人後表達她的感謝及讚美，但也同樣地不

避諱怨言。瑪莉病重的那段時間，到套房陪伴老媽的愛麗絲發現瑪莉的態度軟化多了，凡事也比較合作。只是一旦瑪莉的情況開始好轉後，令愛麗絲想起缺乏信心的童年的尖酸話語，又再度不絕於耳。

有時候，愛麗絲會感受到一股很強的頂撞母親的衝動，特別在疲憊與挫折時，她的脾氣會非常容易失控。每當想起那一次竟然氣到打母親耳光，儘管當時真的是氣壞了，但事後想起仍是非常內疚、追悔不已。說真的，即使像她老公喬治那麼好脾氣的人，只要和瑪莉相處，也會變得特別容易暴躁。

喬治是在瑪莉搬到附近後幾年退休的，因此也開始分擔了不少照護工作。後來瑪莉由於健康惡化，搬到離愛麗絲夫婦和孫女住處的距離都差不多的安養院去，愛麗絲覺得瑪莉的最後六個月，是在非常好的環境度過的，安養院的工作人員對瑪莉的所有訪客都非常歡迎，而瑪莉在一大群關心照顧她的人的圍繞中，過著彷如大家庭般的生活，也覺得十分快樂。最後，瑪莉以九十一歲高齡溘逝。

雖然瑪莉已經過世兩年，但愛麗絲對於自己在五年照護生涯中的耐心不足仍然十分愧疚，她發現自己現在已經不太記得，當初瑪莉究竟是怎樣地頑固討人厭，才讓她那些日子那麼焦燥不安。她希望自己能從頭再來過一次，只要再多一點耐心和包容，一切就會大不相同，但現在已經沒有再來一次的機會了。基本上，她知道母女兩在小事上的摩擦，主要是因為性格上的相似使然。論起好強不認輸，愛麗絲絕對不會輸給瑪莉。雖然愛麗絲絕對有能力照顧母親，但困擾她的是，她與母親的關係從來沒有辦法像成年人般的互相尊重對待，即使她早已成年，瑪莉總還是把她當小孩子使喚，到了最後，兩個人的角色又諷刺般的顛倒過來，愛麗絲成了母親，而瑪莉變成了一個極需照顧的小孩子。

愛麗絲非常希望自己能夠幫助其他家庭照護者，特別是那些遭遇和她類似的人，她會勸他們，多想想老人家的優點，不要老是把對方的缺點放在心上，畢竟父母親年紀較長，老化也不是件值得高興的事，即使子女現在心裡並不好受，最好還是和顏悅色的對待他們，只要一下子，就連自己的心情也會好起來。「樹欲靜而風不止，子欲養而親不待」是子女們應該放在心上的金玉良言。

「我要的只是一點點讚美」

「謝謝」兩字雖簡單，卻有一種再強大不過的魔力，能讓人忘卻現實生活的種種壓力與煩惱，讓人感受到對方的真心關懷。

拒絕合作的父母親往往對照護自己的子女也鮮少讚美之意，這對負擔沉重的照護者來說，是非常令人不舒服的現實。「謝謝」兩字雖簡單，卻有一種再強大不過的魔力，能讓人忘卻現實生活的種種壓力與煩惱，讓人感受到對方的真心關懷，這種感受讓家庭照護者特別受用。知道有人體諒而且真心感謝照護工作的難處，會讓整個世界都變的大不相同。

父母親爲何吝於說謝，這個問題並不容易分析，也許是因爲他們無法接受需要接受子女照顧的現實；也許是他們的自尊心既敏感又怕受傷害；也許他們無法面對真正的感覺，假裝自己其實並未接受多少幫助，會讓人覺得好受些；也許他們認爲，爲子女辛苦了一輩子，現在接受子女的回報並不爲過。

「謝謝」一詞最大的困難是，它們必須發自內心，真心誠意。只要你願意等待，通常這份耐心會得到應該的回報。許多父母親是到了生命最後的時刻，才有勇氣正視子女們爲他們所做的一切，才有勇氣承認照護對他們生命的重要性。有一種令人遺憾的狀況是，父母親把讚美留到你不在場時才說，每個人都知道他們非常謝謝你的協助，但被感謝的人卻始終不知情。

「她要我為她而活」

極端獨立、拒絕協助的父母親固然難相處，極端依賴的父母親也不會好到哪裡去。那種除了親子關係外，生活中就一無所有的父母親，其實也會爲子女帶來極大的壓力。高齡者體力衰退的事實，會讓他們陷入孤立之境，住在家裡的高齡者只能仰賴訪客帶來外界的消息，一旦朋友不再出現，負責照顧的子女可能就成爲他們與外界的唯一聯繫。也有些高齡者個性十分孤僻，反正還有子女可以依靠，爲免應酬

往來的麻煩，早已和親戚朋友斷絕往來。

有些人的父母親非常善於引發他人心中的罪惡感，能說出成打的理由說服子女永遠留在他們身旁，只要子女有時間外出，他們就會眼紅，甚至會要求子女交代所有行蹤；子女的每個朋友，在他們眼中，都是剝奪子女留在他們身旁寶貴時間的敵人。當然了，沒有子女會喜歡讓父母親覺得被遺棄，這讓子女們心頭壓力沉重，與外界聯繫的時間越來越少。

有些父母親的依賴性比較實際，他們只是不願意親自做那些其實你知道他們還有能力自行處理的事情，覺得讓子女來做比較好；也有些父母放手不做一切決策，任何大小事都要子女來決定，包括他們自己該穿什麼、該吃什麼。由於他們連自己舊日的興趣都懶得去維繫，子女們還得費盡腦筋想花樣來填滿老人家的生活。缺乏外界刺激思考的父母，就連言語都開始貧乏無味。這種局面下的家庭照護者往往覺得快被父母親的生

為別人而活是一種非常難的試煉，個人的精力就在這日復一日的雙重負擔中耗竭至盡。

活所窒息，希望能從這一切責任中解放出來。為別人而活是一種非常難的試煉，個人的精力就在這日復一日的雙重負擔中耗竭至盡。

「反正她心目中的好媳婦不是我」

有些人必須照護從未給自己好臉色看的公婆或岳父母，在這之前你早已與自己在這個家庭中角色的不安全感奮戰已久。到現在，也許他們還繼續以各種微妙的方式，要你明白，你從來不是他們心目中理想的媳婦或女婿。自尊心受損而生的恨意早在你心中蘊釀已久，儘管多年以來一直努力著希望他們接納你，最後他們還是當你只是個外人，這種挫敗與失望實在令人難以忍受，在這種情況下，還要無條件的付出愛與關懷，幾乎是不可能的事。

找出因應之道

如果你感受到與高齡雙親關係的裂痕，就是該起而行尋求改變或外界協助的時刻了，無論如何，長期生活在衝突與不和諧中，對你們雙方沒有一點好處，而且這種氣氛一定會在某一天刺激你說出或做出日後必然後悔的事。許多家庭照護者都曾爲氣頭上的惡言，甚至肢體暴力，終生難以釋懷。既然如此，爲何不先做好「預防措施」呢？

有點黏又不太黏

降低照護關係中壓力的策略之一是，在家庭照護者與高齡雙親間，保留一些必需的距離，把雙方都當成獨立的成人來對待，讓彼此都擁有各自的生活空間。如果你們住在同一個屋簷下，一個可行的作法是，歸劃各自專屬的實體空間，也別爲了圖照顧方便，老窩在同一個房間裡。這種做法雖然會造成情感上的距離，也會讓某些人覺得不近人情，但這至少顧全了家庭照護者的情緒需求，也讓家庭照護者免於無所不在的需求壓力和父母親微妙的操控。已有一項以女兒們爲對象的研究（Lewis and Meredith, 1988），指出將個人全副心力浸淫於照護工作與父母需求中的危險性。

給自己休個假

每週讓自己從照護工作中抽身幾個小時，與朋友會面、游泳健身或追求其他的

嗜好，都可以幫助家庭照護者保持敏銳，並有餘力採行更圓熟婉轉的相處方式。當然，要求休假也許會在一開始時讓關係雪上加霜，但只要區區幾個小時的放鬆，就能讓家庭照護者更有耐心地面對困難。

找個善意第三者

家庭照護者與父母親間的緊繃情勢，也許可以靠善意的第三者加以緩頰。一位對雙方都能持體諒觀感的親友，能幫助雙方了解對方的立場與需要，家庭醫師或社工人員也可以擔任善意第三者的角色。英國的公益團體RELATE提供各種面臨關係困境的解決方案諮商，電話簿中即列有該團體各地分會的聯絡資料。

尋求諮商

最後，也是讓許多家庭照護者受益匪淺的方式是，向專業諮商師求助。但通常的情況是，上門求助的多半是家庭照護者一人，因此只有關係中的一方能從諮商中直接獲益，儘管如此，這仍讓許多人對親子關係中的衝突更具洞察力。諮商師通常會引導個人去觀察親子關係中的主要互動模式，並進一步發掘衝突的源頭，找出因應之道。在英國，家庭照護者可以透過家庭醫師介紹國家健康保險的諮商師，此外，也有許多公益及義工團體提供諮商服務，英國各地的公民資訊局會提供當地這類團體的名單。

你和朋友親戚的關係

照護生涯也會影響其他關係，有時候情況會糟到必須宣誓對某一方「效忠」的地步，有些家庭照護者會因父母需求而無法與其他親愛的人相處感到不滿，也有人將矛頭指向未主動盡心的其他親友身上。

兄弟姊妹

我們在前一章已經提到，許多家庭照護者對兄弟姊妹的袖手旁觀感到灰心。高齡父母是未嫁女兒專屬責任的時代已經過去了，以丈夫、妻子、小孩為隱身藉口的手足，讓扛下壓力的家庭照護者心中更是感到苦澀。單身的家庭照護者，在沒有其他責任的「庇蔭」之下，往往犧牲更多，包括工作、朋友。也許到父母親過世時，長期的照護生涯只留下因孝順而無法全力衝刺工作的微薄薪資，與有限的個人生活。對單打獨鬥的家庭照護者來說，也許這一切讓已婚有家庭的手足來承擔會更容易些，畢竟他們有家庭做後盾。

即使家庭照護者出於主動的好意，或甚至有優渥的環境支持這項孝行，也會希望兄弟姊妹能相互扶持，至少讓每個人有機會盡本份和心意。有些家庭的手足在合作時，的確能發揮更大的力量；但有些家庭照護者擁有的只是冷淡無情的手足，即使只是讓照護者有機會稍作喘息，他們也拒絕幫忙。

諷刺的是，這些未曾盡心的手足在高齡父母親的心目中，卻往往佔有不成比例的重要地位，他們仰首期盼來自子女蜻蜓點水般的探視，而且從不認為這些子女做的不夠，相對地，在每天做牛做馬的家庭照護者身上，他們倒是能如數家珍般地指

出缺失。這是許多家庭照護者心中不平與忿憤的源頭，更氣人的是，無論這股憤怒多麼理所當然，卻仍無濟於事，很難讓父母公平地重新衡量每個子女在其心中的地位。也許你該做的事就是，想法子讓自己從這種感覺中抽離，找個朋友聊聊，當這些手足不存在，向其他地方尋求支援。

即使伊瑟覺得照顧父親並不輕鬆，但她願意再來一次。在父親去年以八十五歲高齡過世時，她有一種憤怒的感覺，覺得父親怎麼可以在她為他付出這麼多後，這麼早就離她而去。但有趣的是，她卻堅持，當她老的時候，絕不准四個孩子來照顧她。

兩度離異的伊瑟，在九年前離家遠走，以逃離那個在心靈和身體上都虐待她和小兒子的殘酷丈夫（這個孩子是他們共同的結晶）。她在父親住處附近的國宅找到房子，那時候她也發現，喪偶多年的父親泰利需要協助。泰利是個礦工，一生的辛勞帶給他的是讓他無法離開家門的肺氣腫，連照顧他的小花園都無能為力。

泰利沒有任何朋友，在他的三個子女中，只有小女兒伊瑟與他的關係尚足以提供照護方面的協助。讓伊瑟沮喪的是，即使她的兄姊就住在同一個城市中，前來探望父親的次數仍然寥寥無幾，而且他們比無家可歸的伊瑟強多了，他們的家中都有可以奉養父親的多餘空間，他們也有伊瑟買不起的車可供代步，而伊瑟是多麼希望為生活日益受限的父親安排一次旅行。有一回伊瑟得到一星期的休假，她的兄姊不但非常不願意代班照顧父親，甚至當伊瑟放完假回來後，她才發現，這一星期中只有姊姊來探望過一次，而哥哥呢？連一次都沒來過。

伊瑟本身的擔子並不輕，撫養四個子女已不容易，更別提父親的大小瑣事——採買、洗滌、打掃、三餐……。來自外界的援助非常有限，只有每星期兩次的餐飲宅配和兩次的家庭訪視，直到泰利臨終前都是如此。伊瑟相信，是因為她就住在附近，所以泰利認為自己只需要這些服務。

也許讓伊瑟最難處理的是，父親的情緒施壓。泰利非常計較伊瑟外出的時間長短，他會找事情拖延伊瑟出門的腳步、隨時要知道伊瑟人在何方、對伊瑟的朋友與個人嗜好大為不滿，這種高壓政策導致的往往只是反效果，現在伊瑟仍然會自責，怎麼會在吵了一架後就賭氣三天不見面呢？但她也知道，如果沒有這件事，泰利永遠不能理解，自己對女兒造成了多大的壓力，而她即將在壓力中喪失自我。儘管她為泰利做了這麼多，但她一直無法在關係中更進一步，像一般的女兒一樣地向父親尋求支援，當然，泰利的病也是阻礙之一。

諮商幫助伊瑟重建喪父後的生活，她在當地的一家書店找到兼職店長的工作，興致勃勃的去上手語課，參加幫助殘障者的義工社團，在四十六歲的時候，她重新看到了自己的方向。

你和你的另一半

照顧久病父母往往也會影響家庭照護者與另一半的親密關係，這一部分是因爲相處時間減少，也有一部分是父母的需求與另一半的觀念有所衝突，要是大家都同住在一個屋簷下，局勢可能會更爲緊張，這種氣氛對夫妻感情真的會造成相當大的傷害。當然，另一半與父母間的舊關係品質正是未來影響的關鍵，互敬互重不會造成太大的壓力，但積怨的結果則是可想而知。

家庭照護者可能會成爲雙方拔河的繩結，被要求得盡快選邊站。伴侶和父母瘋狂地競爭你的注意力，不管怎麼做，都會有人覺得不舒服。減少衝突的方式之一是，在一開始就讓你協助父母的角色非常清晰、非常正式，而且讓雙方都知道這一點。在還未與配偶商量好，就邀請父母回家同住，是非常不智的作法，這不但讓尚未準備好的配偶覺得不被尊重，也讓老人家覺得像是個不受歡迎的尷尬客人。雖然現實就是你無法讓每個人都滿意，但事先的協議與溝通卻是讓大家不會扯破臉的最好方法。

你也必須堅持立場，讓父母不要干涉你與配偶的關係，他們可能堅持自己是出於一番好心，卻沒有察覺到自己的失當之處。即使對父母，也應該堅守與伴侶的相處時光，就把它當做是現實生活的調劑與對未來的投資吧！讓配偶知道你維繫感情的決心，他們會在必要的時候提供給你最需要的情緒支援。如果在溝通後，配偶連最基本的協助都不願提供，那麼，首先要檢討的，也許是你們夫妻間的關係吧！如果你們之間真的還相愛，是什麼原因讓對方阻礙你對他人的關心呢？

究竟是誰的父母需要照顧，也會影響夫妻間的關係。沒有人會喜歡額外的責任，特別在覺得對方未盡自己份內心力時尤然，就像有些男人會以工作、「照顧病人是女人家的事」來推拖，似乎將女性的犧牲視爲理所當然，非但不懂得感謝，也無法體諒照護工作的壓力。

照顧父母已經是一個眾所皆知的婚姻與關係殺手，未受正視的壓力與衝突尤其令人難以忍受。要再次提醒家庭照護者的是，如果在照護角色與工作分配上，你與配偶因爲觀念不同而陷入僵局的話，可以向各專業諮商團體尋求協助（例如英國的RELATE）。

孩子與孫兒女

對許多家庭照護者來說，為了照顧父母而無法與子女或孫兒女相處，是種令人心碎的犧牲。孩子的童年短暫，短得讓人覺得時間正像流沙般在指間流逝。無法全心照顧家中的孩子，也會讓為人父母的產生罪惡感，只因為身兼了家庭照護者的角色，就得讓孩子承受這些不公平嗎？沒有辦法像其他人的媽媽一樣，想帶孩子去哪就去哪，難得的假期總是縮水，更別說陪孩子說故事、玩遊戲、做功課了。

我們無法否認，照護父母會限制我們探索生活其他領域的精力，這是一項貨真價實的犧牲。但是，也有許多家庭照護者覺得，照顧老人家讓他們的孩子有機會與爺爺奶奶建立難得的親密關係，老人家會傾聽孩子的成長心事，祖孫間的互動會成為日後的甜蜜回憶。熟知傳統與家族歷史的老人家，通常也是維繫家族情感的重要力量，甚至在年輕一輩間有所衝突時，他們還是最好的調停者。這些，也許是家庭照護者付出後，得到最好的意外回報。

許多家庭照護者非常看重老人家的寶貴意見，他們對養兒育女總有一套獨特的經驗談，能有效地幫助年輕的父母做決定，讓他們在一片混亂中不致手足無措，有些長輩簡直就是穩定與平和的化身。

在某些特例中，照顧高齡父母可能會對孩子造成不良的影響，我們將在第七章更詳地討論這種情況。就算是爲此需要另外安排照護機構，也不會改變你們的親情，只是要以新的步調來調整關係而已。孩子或孫兒女大可陪著你們到安養院探視高齡的祖父母，如果他們年紀已經夠大了，也可以獨自前往。雖然有些決定的確令人痛苦，但對家庭照護者來說，盡早做出明智的決定非常重要。

朋友

照護生涯對友情來說，似乎是一場長期的試煉，許多家庭照護者都驗證了「患難見真情」這句話。說真的，照護生涯並不是維繫友誼的好幫手，承擔照護工作的你，無法再像從前一樣隨心所欲地與朋友相約吃飯、聊天，朋友們必須到家中來拜訪，這使得維持友情得多花上不少力氣。

對某些幸運的家庭照護者來說，再怎麼歌頌友誼的珍貴都嫌不夠，他們的朋友不但記得常常上門拜訪、寫信、打電話聯絡，甚至還提供實際的支援，這樣的關心讓一切都變得不同。但也有些家庭照護者陷入對昔日好友的怨懟與不滿，他們的朋友非但沒有主動上門造訪，有些甚至就像斷了線的風箏一樣，在這個更需要支持的時候，失去聯絡彷如一種背叛。其實，父母的朋友也一樣重要，看著逐漸失去健康與生活能力的父母，連一個上門的朋友都沒有時，也會因那種「被世界遺棄」的感覺而難過。

要是你已盡力維繫舊情誼但徒勞無功的話，開拓新交友圈會是個好方法。許多家庭照護者在有相近境遇的新朋友身上，得到非常棒的體悟與資源，你可以在為照護者而成立的成長團體找到更多談得來的新朋友。英國的照護者國家聯盟，與許多世界各地的成長團體，都是家庭照護者應該去「挖寶」的地方。

許多家庭照護者陷入被孤立的狀態而不自知，每天只能與極少數的人談話，而且幾乎沒有好友。這種與社會失聯的狀態十分難受，可能的話，最好想法子避免。

結論

花在維繫關係方面的時間與精力，一定會有開花結果的一日。有時候人就是得放下那股莫名的驕傲，坦誠面對自己關係中的危機與問題，並向外尋求協助。說真的，某些關係狀態之惡劣，即使宗教聖徒都難以承受其試煉，承認問題、想法子改進又有什麼大不了的！

5

照顧者自我情緒管理

我們已於第四章以相當篇幅討論了與關係相關的各種情緒，這一章我們將以更貼近的距離，來檢視各種家庭照護者常經驗到的情緒。

第一件要記得的是，每個人都是不同的獨特個體，也許本章提到的某些情緒對你而言非常熟悉，而某些情緒則是完全未曾經歷的。也不見得要具備所有的特質才能勝任照護工作：有些人兼有情緒穩定、冷靜以及蠻管用的厚臉皮，能讓他們在面對各種情況都保持身心平衡；有些人則天生一副火爆脾氣，雞毛蒜皮大的小事也會讓他們暴跳如雷。雲霄飛車般的情緒起伏，對大多數家庭照護者絕不陌生，照護工作本身的要求與壓力往往讓照護者在滿足踏實與空虛沮喪兩極間擺盪而身不由己。

照護者常有的感受

回報

在檢視負面情緒前，先想想照顧父母的光明面，應該是比較好的作法。幾乎大多數家庭照護者都能舉上一兩個例子，說明自己從照護工作所得到的好處，無論情況如何艱困，總還有些樂趣或是成就感能支持照護者繼續努力下去。當然了，這一切的背後，都有對父母親的愛與親情作爲支柱。也許你很少對父母談到自己的心意，但有一種根深柢固的感受，讓你們雙方都知道自己對對方而言是獨一無二的。即使

> 無論情況如何艱困，總還有些樂趣或是成就感能支持照護者繼續努力下去。當然了，這一切的背後，都有對父母親的愛與親情作為支柱。

有多次的吵架與意見不合，但還不是走過來了？

許多家庭照護者都希望能爲父母做點什麼，以回報他們的養育之恩和他們當年的犧牲奉獻，這是種很美的感覺，只要能讓父母親心情快樂，會絞盡腦汁發掘任何可以取悅父母的小玩意兒，或想法子讓父母少受一點病痛之苦。許多家庭照護者非常自豪於自己的照護工作，覺得個人的尊嚴在其中得到了提昇。

儘管有人認爲，女性的照護傾向在成長過程中已被過度開發，不應該再鼓勵女性往這個方向發展，以減輕這種照護他人心理的影響力。但基本上，人類的心靈原本就是在照護他人中得到啓蒙與實現。當然，如果一個人的自我認同完全架構在他人的照護需求上，這是一種不健康的病態依賴，但多數家庭照護者都察覺到，儘管很難以言語說明清楚，照護生涯的確激勵了他們的生命：家庭照護者爲了父母的需

求而過著規律早起的生活，甚至爲了父母的病情在外奔波求醫，自己生活的焦慮與煩惱在此時早已被拋在腦後。

在關心家庭照護者權益的這幾年間，我好幾度爲多位照護者所展現的無私與耐心所感動，即使如此，他們仍謙遜地認爲自己做的還不夠好。雖然照護工作可能讓你的世界天翻地覆，但也能讓你重新審視生命的價值，發掘內在的美善品質，讓個性日趨完美。現實中的照護生涯往往是在矛盾間萌發的獨特經歷，原已爲失去一切而嗟嘆的人們會在奇特的情緒中發現，自己無意間踏入了奇異的藏寶洞窟。在這個物質主義與個人主義水漲船高的年代，人與人之間的關係也許不算什麼該努力的目標，但許多家庭照護者都以個人心力見證了這項珍寶的出奇之處。

雖然照護工作可能讓你的世界天翻地覆，但也能讓你重新審視生命的價值，發掘內在的美善品質，讓個性日趨完美。

感傷

感傷與失落是照護生涯常見的感受。父母親日益衰退的健康與獨立能力，總是令人傷感。爲人子女的總希望父母永保當年的健康活力與意氣風發，看到他們連簡單的日常生活都無法處理，爲病痛折磨，或因某些慢性疾病而損害尊嚴，是多麼令人難受的一件事。中風之類的突發疾病會在片刻間剝奪個人最基本的行動與溝通能力，讓向來口才便給的父母爲了一個字或某個名字，也得吃吃艾艾個大半天；阿茲海默症帶來的則是一連串急遽的退化，特別是緊咬不放的焦慮與恐懼。疾病讓人感受到一種特別的無能爲力，也讓許多家庭照護者暗地裡滴了不少眼淚。

不止疾病本身對父母親的影響會令人感傷，照護生涯對個人生活所造成的犧牲也令人傷懷，有些家庭照護者放下自己的家庭生活，只是爲了能就近照顧父母親；有些則告別不錯的工作，現在只能懷念昔日同事的笑語。影響所及的領域還包括了興趣嗜好、友誼、責任、外界一切有趣的事物……，昔日的夢想更早已在九霄雲外，未來的規劃也得永無止境的暫時擱置。你可能發現自己總是被諸如「如果不用照顧媽，我可能會得到那份夢寐已久的工作、找到一個眞正愛我的人……」等等的念頭

縈繞，不時地爲著被埋沒的天份與未曾把握的機會哀悼著，這類的失落感成了照護生涯的標記，甚至在父母離世多年後還苟延殘喘，陰魂不散。

「哪裡也去不了」的挫折感

許多家庭照護者都提及「被禁錮」的感受，並且懷念著昔日行動與時間的自由，特別對於剛可放下養兒育女重擔，或剛從職場退休，正處開始可以品嘗自由果實階段的家庭照護者來說，這種感覺會特別強烈。諷刺的是，人生往往正是一連串責任的排列組合，大多數人是輪不到中場休息的。

你可能發現自己的眼神常常無意識地瞥向放置時鐘的角落，好讓自己來得及在父母從日間安養中心回來前可以趕得及回家；也許你常常暗自希望，會有那麼一天，能自在地出門消磨整夜。其實，抓住你不放的也許只是你自己的焦慮與責任感，放不下的不是別人，正是你自己。

憤怒與積怨

只要多認識幾個家庭照護者，很快地你就能領悟到，生活中真的充滿了太多會激怒他們的大小事件。我們曾在第三章提到過，憤怒的箭頭往往會指向家人，例如拒絕伸出援手的親戚、不合作的被照顧者。此外，過多的壓力、隱藏在背後操縱一切的黑手、父母親過度的依賴，也都是導致憤怒的源頭。當怒意昇高成爲不可收拾的暴怒時，突然間你會發現自己竟然正在對可憐的父母大吼大叫，甚至還動手打了一巴掌，一時的發洩，很快就成爲讓家庭照護者悔恨多日的憾事。

當然，還有很多事會激怒家庭照護者，包括安養機構的服務品質、沒有及早作出正確診斷的醫生、外界對家庭照護者冷淡的事不關己態度、申請援助時的各種繁複手續、驚人的收費標準、看不見盡頭的各種等待。

其實，抓住你不放的也許只是你自己的焦慮與責任感，放不下的不是別人，正是你自己。

仍繼續在外工作的家庭照護者也可能碰到不夠體貼的雇主，社團、教會的朋友也可能在無心的情況下，讓情況更雪上加霜。家庭照護者必須忍耐的過度壓力，另一方面其實代表更高的脾氣失控頻率。可以理解的，家庭照護者也會對自身的處境感到憤怒:「爲什麼這種事會發生在我們身上?」、「上天爲什麼這麼不公平，讓我們得受這種罪?」

憤怒火光會帶來積怨的陰影。家庭照護者也許對所謂的「家人」、「專家」早就不爽已久。這種情緒最大的危險就是它對家庭照護者的心理健康所造成的傷害，憤世嫉俗、一觸即發的生活並不是什麼好事，而且當事人只能孤單的承受這些情緒所帶來的負面影響。因此，家庭照護者應該觀照到這些情緒的存在，以及這些情緒所帶來的影響力，然後找一個出口，將它們拋在腦後。也許你我無法完全擺脫這些煩惱，但這樣做至少減輕了一

家庭照護者應該觀照到這些情緒的存在,以及這些情緒所帶來的影響力,然後找一個出口，將它們拋在腦後。

些殺傷力。

寂寞

多數家庭照護者的生活圈子都很小，只有喘息服務能讓他們從照護工作中每週脫身幾個小時，大部分的生活都是在家中與待照顧的父母親一同度過。漸漸地，自己的朋友不再上門，連父母的朋友也一樣，電話聲不再響起，彷彿被世界給遺棄了。本來還能在工作中排遣一點寂寞，現在也沒了，家庭照護者只能任寂寞襲上心頭，某一刻回首才發覺，自己早已多日未曾與外界交談。

雖然成天與父母相伴，但在病魔威脅下的父母親，並不是很好的伴侶。生活中缺乏社會與智性上的刺激，缺乏相濡以沫坦誠相待的伴侶，這樣的生活遲早會出問題。生意盎然的生活需要與外界的互動，家庭照護者近似孤島般的寂寞生活真的很不健康。如果你覺得寂寞，覺得自己正瀕臨與社會脫節的危險，不要懷疑，的確是

該採取行動多交幾個朋友、擴大社交圈子的時候了。

五十一歲的潘與父親及姊姊同住，他們在十二年前母親過世後，只能依賴潘的照顧。潘的父親，艾伯特，患的是非常嚴重的關節炎，雖然他還能步履蹣跚地自行上洗手間，在他人攙扶下上樓，但早已過著足不出戶的生活，八十八高齡的艾伯特從銀行的工作退休已有二十八年之久，這對個性相似的父女相處得頗為愉快，潘從父親身上承襲的幽默感，也讓潘能以較輕鬆的心情面對照護壓力，很好相處的艾伯特很懂得表達自己的謝意，即使疾病導致的不便偶而會讓潘失去耐性，但基本上潘不會因為照顧父親而不快。

但姊姊露絲就完全不同了，右側腦性麻痺的露絲長期癱患，多年前一場意外的後遺症也尚未消退。從小，露絲就非常會鬧脾氣，全家人都得照她的意思來過日子，這使得潘在九歲後就為憂鬱症所苦，也許是為了逃避

如果你覺得寂寞，覺得自己正瀕臨與社會脫節的危險，不要懷疑，的確是該採取行動多交幾個朋友、擴大社交圈子的時候了。

終生照顧這個脾氣難纏的姊姊的宿命，潘在二十出頭就踏進了婚姻，這場婚姻後來證實是一場災難，幾個月後，潘帶著受創的身心離開了她的丈夫。

母親過世後，照護工作就讓潘接棒。照顧父親並不難，但潘必須跟自己對露絲的多年積怨奮戰，而露絲似乎也因為妹妹比她健康而難受。露絲的脾氣在多年後仍然陰晴不定，對潘也萬般刁難，從未為妹妹的感受與需求著想，這讓潘十分氣沮。說真的，潘認為露絲在家裡其實可以多幫點忙，露絲上回故意不告訴她職訓中心提供的兼職總機工作機會，也讓她心裡很不好受。

沒多久，潘發現這樣的生活所付出的代價太大了。她發現自己患了曠野恐懼症，而且這可能是她在連續服用精神科藥物數年後，太快斷藥的後遺症。在與焦慮、失眠、噁心等症狀奮戰的同時，還得負擔兩位親人的照護工作，真的很不容易。在這種情況下，她非常希望每年的四週休假快點來臨，這珍貴的四個星期，是社會局提供的日間訪視和一位慷慨朋友願意為艾伯特與露絲打理三餐而拼湊出來的。但可惜的是，幾年前由於預算緊縮，負責潘一家的社工人員被裁職，再也沒有辦法提供這項服務了。

潘與露絲的關係劍拔弩張至此，潘不禁設想著，要是能為露絲安排另一個安養機構該有多好。但這回提反對意見的是艾伯特，他雖然知道潘的痛苦，卻希望在有生之年都能在露絲身邊照顧她，只要潘願意照顧父親，她就必須繼續忍受露絲對她的各種要求。

雖然艾伯特能夠安靜地以閱讀消磨時間，但潘需要朋友，她需要除了打電話以外，還能夠到家裡來陪伴她的朋友。知道自己不能再承受多久的雙重照護壓力，她開始計畫著是不是該請個看護，幫她打理露絲的生活。她也夢想著，總有一天自由將會來臨，她將能隨心所欲過著自己的生活。

罪惡感

也許是因爲環境引爆的怒氣而不安，許多家庭照護者都在罪惡感的浪濤中載伏載沉，爲一時的失控而飲食難安，爲竟然對老病的親人咆哮而譴責自己的脆弱。諷刺的是，往往自責最深的，就是那位爲父母盡了最多心力的人。許多家庭照護者爲自己設定了不合理的高標準，然後在做不到時責備自己，但是，誰又能達到這些高標準呢？

家庭照護者該做的是，掃除心中那種對自我無能的控訴與譴責，誰說照護者不能接受支援呢？沒有人能夠十全十美，你我也不例外。人人都有情緒起伏，面對壓力也都有不同的反應，重要的是你我在承擔照護父母親責任下的那片心意。

抑鬱

長年照護工作所累積的壓力，是抑鬱最好的進門梯。前述各種情緒的組合——感傷、憤怒、罪惡感——在經年累月的搓揉身心後，可

> 許多家庭照護者為自己設定了不合理的高標準，然後在做不到時責備自己，但是，誰又能達到這些高標準呢？

能會導致嚴重的抑鬱症，在當事人眼中，外在的一切呆滯而毫無色彩，巨大的陰沉與負面感受像浪潮一樣擊打著身心，失眠加上食欲的喪失，似乎沒有什麼值得繼續活下去的理由。

更糟糕的是，沒有人能夠理解這種感受。人們不斷地要求當事者打起精神來，因爲「事情沒有你想的這麼糟」，但問題在於，沉溺於抑鬱的特色就是，失去了看光明面的能力，連帶著連笑的能力也消逝無蹤，淚水卻是隨傳即至。抑鬱真的是一種疾病，它可以治療，絕對不是一種無法避免的心理狀態而已，當然也不代表生命的失敗。家庭照護者該做的是，接受醫師的治療，重拾昔日健康快樂的生活，如果能治療，何苦將自己與抑鬱鎖在一起？

> 抑鬱真的是一種疾病，它可以治療，絕對不是一種無法避免的心理狀態而已，當然也不代表生命的失敗。

筋疲力盡

這應該算是家庭照護者的「職業傷害」之一，由於疾病讓父母難以成眠，連帶著家庭照護者的完整睡眠也成爲可望而不可及的奢侈品。起床後的每個小時都塞滿了該做的事，而且多半十分繁重費力，時間與精力的支離破碎特別容易導致筋疲力盡的感受，有些仍在外工作的照護者必須在出門上班前就打理好全家人的三餐，下班只是換個地方工作，等著他們的是無法休息的照護責任，直至最後一分精力耗盡才能上床休息，才剛沉沉睡去鬧鐘就響起了，迎接他們的又是不變的繁忙與疲憊的一天。

說真的，這樣的生活型態不可能永遠持續下去，也許家庭照護者身心的崩潰會將一切停住，然後花上幾個星期甚至幾個月來修復身心。不幸的是，許多家庭照護者將自己定位成隨傳隨到的超人，凡事都該親力親爲，然後爲了這永不可能達到的目標苟延殘喘著。

家庭照護者應該注意下列警訊：你是不是開始容易生病？開始容易發脾氣？容易掉眼淚？每天醒來只想繼續睡覺？很難集中注意力？同時也要注意是否給予自己

的身體足夠休息，忽視這些警訊將會讓你在不久的將來付出極大的代價。

焦慮

生活的各個面向都會成爲家庭照護者擔憂的來源，當然，被照顧的父母親就已足夠令人擔憂。如果家庭照護者未與父母同住，有更多大小事件會引發焦慮：父母親飲食正常嗎？有沒有摔跤？會不會寂寞？那麼久都沒接電話，會不會發生什麼事？要是父母親剛好罹患的是阿茲海默症等導致痴呆退化的疾病，要焦慮的事就更多了：他們現在有沒有危

家庭照護者應該注意下列警訊：你是不是開始容易生病？開始容易發脾氣？容易掉眼淚？每天醒來只想繼續睡覺？很難集中注意力？同時也要注意是否給予自己的身體足夠休息，忽視這些警訊將會讓你在不久的將來付出極大的代價。

險？會不會開了瓦斯卻沒有點火？會不會出門走失？要是父母還有抑鬱症並且有自殺傾向的話，很難不把他們的厭世話語暫拋一旁。要是住的遠，還得隨時作好準備，在萬一有事時拎起包袱馬上飛奔過去。

有些家庭照護者擔憂的是自己的部分：這樣做已經足夠讓父母安適了嗎？我有沒有忽略他們的需求？焦慮還可能向未來延伸：我會不會哪天出事，不能照顧父母？要是哪天生病了，還有誰能照顧父母呢？

此外，照顧長期臥病不良於行的父母，也有相當多的變數。對多數家庭照護者來說，要是能預知照護工作將持續多久，一切都會好辦很多。畢竟，在接下照護責任時，最好的預期是這一切在短期間就會結束，然後生活就會回到正軌。然而，在五年或十年，驀然回首才驚覺自己仍在原地踏步，唯一有進展的，是父母持續衰退、需人照顧的老病之軀。

焦慮與壓力往往攜手同至。即使大多數的焦慮都有其道理，但要小心那種超過合理範圍的焦慮，壓力是滋養它們的最好肥料，讓它們能在缺乏平靜的心靈中生根

蔓延。在無法採取行動的情況下，焦慮不僅毫無幫助，還會一點一滴啃噬家庭照護者的心靈。對治這種虛妄不實的焦慮，有些人發展出「活在當下」的策略，將心力專注在眼前的事物，試著不要沉溺於未來可能的困境中。

掙扎

對多數家庭照護者而言，最可怕的情緒波動其實來自自身的情緒交戰：愛恨交雜、空虛與成就感互爭地盤、深受焦慮威脅的責任感……。前一分鐘還覺得一切都還順利的在自己掌控中，下一秒就發現自己正在罪惡感與抑鬱的汪洋中載浮載沉；連自己也說不上來，爲什麼在對父母抱持著最深切的慈悲的同時，還無法控制暴發的怒氣；有時候覺得自己真是受夠了父母的壞毛病，不吐不快，但在內心最深處，你我仍然關切著他們的福祉與需要。

那麼多該做想做的事中，它們的輕重緩急也常常令人舉棋不定。家庭照護者在來自各方的壓力中被拉扯著，朋友和親人都需要你的關注，夾在都需要人關心的兩代間，你只能把已嫌不足的精力各分一點給孫兒女、子女、另一半與父母親。會造成兩難的因素還不止這些：工作、有心想投入的義工服務、社團公益活動、想追求的休閒嗜好，每件事都在吶喊著希望得到更多的時間與精力配額，但家庭照護者畢竟不是超人，無法讓每個人（包括自己）滿意，你必須在這之間定出優先次序，而這並不容易（稍後將述）。

身爲家庭照護者的你，也許早已在感受與優先次序的戰場中被撕扯的四分五裂。這樣的壓力不應該是生活的常態，你必須想辦法，保護自己免於超載。

因應之道

面對各種惱人的情緒問題，標準解答是派不上用場的。你我都是各具特色的個體，在對治個人的憤怒、罪惡感、焦慮時，也各有獨特妙方。當然，儘管各有擅場，還是有些大原則蠻管用的，也許可以幫助你擬定個人專屬生存秘笈。

誠實面對心中的感受

如果你不願意坦誠面對自己的情感，那麼再怎樣的秘方也很難派上用場。也許是不願看清眼前處境有多麼難堪，所以你對於攤開來看有很大的恐懼；也許你擔心一旦揭露內心深處的憤怒與憎恨，將無法承受巨大的罪惡感。但有件事要記得，唯有知道惡魔的名字後，你才開始可能降伏它。

> 如果你不願意坦誠面對自己的情感，那麼再怎樣的秘方也很難派上用場。

對多數受傳統影響的英國人來說，上面的文字就像外星球一樣地既陌生又遙遠。這也難怪，英國人的傳統教養教導人們喜怒哀樂不顯於外，最好像瓶子似地把自己封起來。男性尤其如此，哭泣或任何示弱的表現都是對男性尊嚴的損害。不幸的是，任何受到壓抑的情緒總有能力另覓出口，此刻無法面對的隱痛，總是會在另一個時候換個面貌再探頭一次。當然，每天都有應接不暇的各項挑戰，有時候壓抑感受是不得不的選擇。只是你要知道，也許在幾年後，你同樣得花時間與心力來處理這些未歸位的感受，撫平這些原以爲已完美遺忘的情緒。無論你打算怎麼做，選擇權都在你手中！

沒有人能十全十美

家庭照護者的另一共通毛病是：期待自己十全十美。要是達不到自己心目中那個擁有無限愛心、耐心、關心的理想孝子孝女形象，他們會抱憾終生！但對家庭照護者來說，永遠不發脾氣、不沮喪真的是不切實際的希望，在大多數情況下的情緒反應，其實都是自然而可理解的。特別在照顧罹患痴呆症的家人時，光是聽他們從早到晚都咕噥著同一句話，或像無頭蒼蠅般不斷走上走下，大概只有聖人才能免於不耐與焦燥。如果連追憶或惋惜因扛下照護工作而失去的機會或舊日夢想都算逾矩，這對家庭照護者來說，實在太不公平了！

> 對家庭照護者來說，永遠不發脾氣、不沮喪真的是不切實際的希望，在大多數情況下的情緒反應，其實都是自然而可理解的。

要記得，病人生病不代表他們已經喪失激怒別人的能力。親子間感情再融洽，也有吵架誤解的時候，這就是天底下多數親子關係的標準寫照。對家庭照護者來說，照顧別人的父母親實在比照顧自己的父母親要輕鬆容易得多。

別再用聖賢的外在標準來要求自己！照護經驗本身是一個好機會，讓你接觸自身性格中原本希望能夠規避的面向，要記得，所謂的「缺點」是因爲愛與承擔而生。先別提照護工作對國家社會安定的貢獻，你的照護工作對父母親來說，一樣是他們晚年最珍貴的禮物。多數家庭照護者都爲自己的努力不足所苦惱，但真相是，家庭照護者絕對應該善待自己，坦然面對來自各方的讚美與感謝，因爲這原本就是你應得的。

找個出口

深藏在心中的各種痛苦情緒會被不成比例地放大出來，讓人覺得生命彷如千斤重擔地壓在心頭。這時該做的是，找個角落，卸下心頭的苦澀重負：有些人用文字

來抒發，這是一種極強力的釋壓方式；也有人選擇詩的意象，來表現各種感受。你也可以作筆記，記錄自己對各種事件的反應，這將有助於你對自我行動模式的洞察，解析探求各種情結的根本源頭，一旦瞭解了痛苦的本質，你就開始有能力面對它、處理它。

口語的抒發也是一種不錯的方式，在値得信賴的親人或朋友面前，盡情抒發你的感受。原本以爲難以啓齒的感受，在說出口後，不但不再令人那麼難受，也會發現事情變得簡單多了。當然，不是每個人都可以當聽眾，一個敏銳、不妄下判斷分別的傾聽者，就像一面鏡子一樣，能客觀地反映出你所描述的感受，讓錯綜複雜的情緒清晰起來。很多家庭照護者都怕的一種聽眾典型是，懶得細聽卻樂於提供一堆無用建議的遲鈍傢伙。要是有力氣去執行他們那堆建議的話，也不會落到要他們給建議的一天。談話其實扮演的是一種心靈安全閥的功能，在短短幾分鐘內，減輕心靈鍋爐內蓄積的壓力。

光是談話就能達到這麼神奇的效果嗎？將煩惱說出來的確有巨大的釋放力量，

光是知道有人了解並關心自己的感受就已足夠。懂得定期打電話來聽聽你的感受的朋友，是天底下難尋的真正朋友。

笑聲是另一個讓許多家庭照護者受益無窮的秘方，在最困難的處境中找出令人莞爾的部分，讓許多人更能加把勁面對一切，幽默感更是對抗沮喪的良藥妙方。

一九八三年，瑪格莉特的父親過世後，留給這至今單身女兒的最深領悟是：從此，這世上唯有自己一人可以照顧母親了。母親艾莉絲向來十分依賴父親，喪偶之痛催快了巴金森氏症的腳步，倒霉的是，處方藥物不僅沒有阻擋病情的惡化，更在她的性格上造成了負面的影響。

向來比較偏父親的瑪格莉特一直都知道，母親嗅得出而且不喜歡這種差別待遇。所幸一開始時，她們的個別接觸機會並不多，瑪格莉特在工作所在的醫院有一個租來

將煩惱說出來的確有巨大的釋放力量，光是知道有人了解並關心自己的感受就已足夠。懂得定期打電話來聽聽你的感受的朋友，是天底下難尋的真正朋友。

的住處，只在週末回家照顧母親。但這個平衡只維持了一兩年，艾莉絲漸漸無法應付自己的生活後，瑪格莉特就得搬回家住，往返著每天十一哩的通勤旅途，工作分量也毫無減輕。接下來，艾莉絲白天時需要越來越多的人手幫忙，瑪格莉特的「空閒時間」幾乎都為照護母親所佔據。瑪格莉特要面對的除了艾莉絲傷人的話，還有因為巴金森氏症而難以移動的身軀，基本的社交生活早就只是夢想而已。

瑪格莉特的兄嫂只在瑪格莉特出遠門時，才會來幫忙，而且對瑪格莉特所面臨的壓力毫無體諒之意。但推究起來，這一切多少也是瑪格莉特自己造成的，她一切求好的倔強個性，即使已在苦撐，但身邊的人都會以為她還吃得消。還好，救星及時出現，伊蓮是她在職進修時認識的朋友，很快就瞭解艾莉絲與瑪格莉特的情況，並熱情地分擔了一部分繁重的工作，包括為艾莉絲洗澡與換床，但最重要的是，她懂得傾聽而且真正關心。這時瑪格莉特才發現自己原本多麼孤僻，還好這輩子認識了這麼一個真正的朋友。此時，其他的朋友也開始踏進了家門，分擔了瑪格莉特的壓力並善待艾莉絲，他們都慷慨地給予了無價的協助與陪伴。

大約在這個時候，瑪格莉特也換了工作。收容所的新工作在各方面都更配合目前得花大部分時間在家照顧母親的需要，也讓瑪格莉特有機會審視照護工作對自己的意義。回首看來，她祈求神賜予力量的禱詞大多都實現了，自己至今仍勝任愉快不可不謂神蹟。雖然發覺自己擁有一個比姊妹還親的朋友，也帶來了至深的快樂與感謝，但更棒的是，瑪格莉特發現，照護經驗將她造就成一個更溫暖美善的人。

數年時間匆匆流逝，瑪格莉特已不再能勝任繁重的照護工作，基本上是這樣的，艾莉絲的病情已經到了無法移動身體的地步。在長達十年的工作與家庭照護兼顧後，瑪格莉特已筋疲力盡，連八週的喘息服務都幫不了什麼忙，這時她只好接受將母親送往安養院的建議。艾莉絲在八十歲生日那天，住進了安養院，並在那裡度過了她生命中最後十五個月。說真的，瑪格莉特一直不能面對將照護母親的責任交由外人接手的事實，每回去探視母親都像是在傷口上撒鹽一樣痛苦，得靠伊蓮的支持與開導才能撐過來。

艾莉絲的死對瑪格莉特是個打擊，沒有時間疏導的喪父之痛這時也冒出頭來，

瑪格莉特這回真的是「一個人」了。自從艾莉絲過世後，伊蓮幫了她很多。現在瑪格莉特正打算搬出來，計畫著能不能提早退休，好從長年的身心壓力中恢復過來。想起曾承受的壓力，連自己都很難相信，竟然這樣走了過來。

尋求治療恢復心理健康

也許你找不到可以吐露心事的親友，也許你會覺得面對陌生人更能暢談傾訴，也可能你會覺得自己的情緒問題可能要借重專業人員來解決，在這些情況下，心理諮商是不錯的選擇。我們曾在第四章提過，在英國境內可以透過家庭醫師，轉介至國家健康保險的諮商服務，但你也可以向其他公益團體求助。

諮商師通常會幫助你揭露感受，並找出這些感受的源頭，幫助你解開各種掙扎，面對情緒更能坦然自若。許多家庭照護者都從諮商中受益匪淺，他們發現自己有必要處理長達多年的困境，以及因照護而生的新問題。

諮商不見得能幫助人們解決所有的情緒問題。某些情況下，也許你需要醫師開立抗抑鬱的藥物，或者轉介至精神科接受更進一步的心理與認知療法，例如藉由觀察負面念頭的形成模式，來分析根深柢固的焦慮源頭；或者推薦一些放鬆課程，對家庭照護者來說，某些放鬆技巧是不錯的工具。

當然，不是每個醫師都能敏銳體察家庭照護者的身心需求，有些醫師認爲他們的責任對象只限於既老又病的被照護者，有些心胸寬大的醫師則能瞭解家庭照護者所面對的壓力，並且願意扮演支持的角色。你大可勇於開口請求協助，面對不夠細心的醫師，也應該堅持說清自己的處境與需求。

加入照護者成長團體

照護工作是一種特別的經驗，未曾經歷過的人很難領略個中三昧，也很難與家庭照護者談得投機。但當家庭照護者相聚時，情況可是大不相同，不但對彼此的感

受都能夠心領神會，更棒的是，即使你提到對父母親的憤怒，也不會有人板起臉來說；甚至就算你說你氣得想扼死父母，也不會有人爲之大驚小怪。想想看這有多棒：世界上有那麼多家庭照護者，而他們都是能夠理解你感受的最佳談話對象！

這就是爲什麼在英國境內存在著那麼多的照護者支持團體，有些團體是專對某種特殊疾病的照護者所設立的，舉例來說，阿茲海默症學會內部就有許多的家庭照護者支持團體；有些團體的大門則專爲特定種族背景的照護者開啓，英國境內就有不少的亞裔照護者支持團體；當然，大多數照護者支持團體是歡迎所有照護者的，不分病人的年紀與疾病。即使家庭照護者照顧的對象不盡相同，但卻分享著許多共同的感受。

儘管每個團體的集會習慣、頻率、時間、地點都不相同，但共同的目標都是爲家庭照護者們建立一個能夠分享友誼與信賴的網路。在團體內，照護者能夠安心的卸載所有焦慮與哀傷，甚至從其他照護者得到寶貴的經驗談與建議。有些團體致力於爲照護者爭取更多更重要的福利，有些團體則將重心放在社交活動上，有些團體則會定期安排專家演講。更棒的是，即使父母親在照護多年後離世或住進安養院，你也可以繼續留在團體中，在人生最脆弱的時刻繼續享有其他家庭照護者的支持。

英國境內的家庭照護者可以藉由各種管道找到適合自己的支持團體，其中最簡單的方式就是打電話給照護者國家聯盟的總部，許多照護者支持團體都隸屬於其下。否則也可以到當地的社會局處索取資料，英國的鄉鎮政府都有各項義工服務的清單，甚至在醫院候診室或圖書館也可能會有各團體的宣傳海報。

有些家庭照護者並不喜歡將自己寶貴的餘暇花在談論或思考照護經驗之上，寧願將喘息服務所賜予的珍貴時間拿來從事其他活動，好讓自己的心靈暫時從中解放。人人生而不同，這都是個人的選擇，照護者支持團體也不見得是每個人的萬靈丹，但即使如此，不想參加團體的人仍然有從中獲益的方式：在英國，申請成爲照護者國家聯盟的會員，每年只要繳交合理的年費，就能定期收到聯盟出版的雙月刊（The Carer），並且正式成爲廣大照護者的一員，有一個專門的組織爲自己的福利喉舌，就像各行各業也都有同業工會來保障會員權一樣。各地的支持團體也多半定期

出版會員通訊，你可以從中得到居住地最新的福利資訊。

總之，照護者支持團體能讓你我覺得不再孤單，不再覺得沒有人能體解自己的感情與需要，讓你我具備相信的勇氣，相信暗夜長路的盡頭一定充滿光亮。

結論

無可置疑的，照護經驗往往會激起感情的波濤，其中多半都不好受。只要你我願意坦誠面對自身所面對的苦痛，努力突破心內與心外的各種限制，你會發現自己不但有所長進，也越來越了解自己，心靈的騷動不安終將轉化爲令人喜悅的成熟、慈悲與同情。

6

發展生存策略

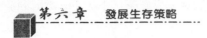

在接下照護父母的責任時，也許你想的是「這段非常時期應該很快就會結束」、「爸媽很快就會恢復」、「怕老人家撐不了太久」。但是，通常除非是急性病症或意外，否則，病魔的威力會讓照護工作天長地久、永無止盡。

由於預設「非常時期」很快就會過去，家庭照護者往往會將個人的生活擱置一旁，先全力協助父母度過難關再說。但這種作法並非長遠之計，如果當事人不主動改變生活方式，任何人都可以猜到最後的結果——虛脫與崩潰。

生活方式的調整其實是項因人而異的藝術，如何在長期照護工作的壓力下扭轉乾坤，是非常值得研究的課題。本章將提供幾個適用於多數照護者的小密訣。

不要忘了關心自己

看似老生常談的一句話，卻點出一個備受忽略的事實——照護者其實和被照護者一樣地需要他人的關心與照顧。但現實情況是，無論照護者個人，或者外在的社會環境，都會把焦點集中在看來較「虛弱」的病人身上，親友會關切病人的近況，坊間的書籍也不遺餘力地推廣各種照顧病人的秘訣，而照護關係的另一端，就這樣無聲無息地被遺忘在一旁，直到家庭照護者自己想起爲止。

也許你會因爲週遭人物的遺忘而心痛，也可能早就將自己的需求自動降階到第二順位，這都不是最好的選擇，當整個世界都忘記家庭照護者的存在時，唯有家庭照護者本身能夠喚醒這個世界的健忘症。執迷不悟式的「爲了父母義無反顧、勇往直前」指向的往往不是榮光，而是泥沼：耗盡個人有限的資源後，使身心崩潰。個人資源耗盡的主要現象是：家庭照護者的自制力會下降，很容易對父母發脾氣。想想看，讓備受病痛之苦的高齡父母承受至親之人的情緒心理傷害，是多麼殘忍的事。你不會希望多年後還爲　時脫口而出的氣話徹夜輾轉難眠吧！避免這類憾事的最好方法就是：永遠不要試探自己的臨界點！明智地安排自己的生活，讓一切不致於難以忍受。該怎麼做？可是非常值得用大腦多想想的事情。

父母親正面臨的危機，會讓你不得不逼出最後一分力氣。記得，別忘了善待自己。血緣雖是天生註定，但後天的個性與好惡，即使親如父子也難免有相互抵觸之處。雖說退一步海闊天空，但有時卻是「進一步，雲淡風清」。孝順兩字不該被畫上等號，不問事

執迷不悟式的「為了父母義無反顧、勇往直前」指向的往往不是榮光，而是泥沼：耗盡個人有限的資源後，使身心崩潰。

理的服從，只會減損個人作爲獨特個體的意義，讓人在龐大的倫理壓力下日趨渺小，很難帶來實際上的好處。

　　想想一般領薪水工作的看護者，他們如何維持看護工作與自我的平衡，其實是很值得家庭照護者參考的。政府編制下的看護員，不但享有法令對其工作條件的保護（以免過度勞累），當他們覺得權益受損時，還有工會可以撐腰，雇主定出的工時必須合理，同時還得提供安全舒適兼具的工作場所。相對地，家庭照護者不但得不到同等的保護，還要相當地自覺與努力，才不會被視爲理所當然的照護提供者。

　　最簡單不過的事，往往實行起來會遭遇難以想像的阻力。許多家庭照護者爲了顧及父母及社會成見的觀感，寧可將自己榨到油盡燈枯的地步，也不向外求援。這個問題的嚴重性使得許多照護者支持團體開始設立教導照護者表達自我情緒與意見的課程：學習如何向外求援，如何面對來自親戚的反對壓力。

　　好的家庭醫師與社工人員都知道應該重視照護者的需求，如果他們疏忽了，家庭照護者千萬不要放棄爲自己權益挺身而出的機會。社會大眾對家庭照護者往往有一種錯覺，認為他們原本就堅強能幹，很少有人會注意到，照護者也有人性脆弱的一面。這類成見將錯就錯的威力，使得照護者很難坦然接受外界的支援。扭轉這類成見對個人的影響力，是多數家庭照護者應該先身體力行的功課。

自有記憶以來，潔琪就與母親莉迪亞的照護工作結下了不解之緣。當她還是個小小孩時，就得隨時準備在母親癲癇發作時，和哥哥馬克合力照顧，並在一旁等候發病的母親恢復意識。

在潔琪十歲，馬克十二歲那年，莉迪亞獨自在家時突然癲癇發作，把腳踏到火堆裡而嚴重燒傷，最後的結果是，膝蓋以下必須完全截肢，雖然安裝了義肢，但莉迪亞只能藉義肢之助走一小段路，遇有要出門的時候，就必須靠輪椅代步，而推輪椅就成了兄妹倆的必修課程。住在鄉下的他們，每逢進城等必須搭公車的場合，兄妹倆一個負責將媽媽弄上車，另一個就得把輪椅扛上去。潔琪偶而也得向學校請假，好帶媽媽上醫院。由於父親伊安已辭去工作，在家專職照顧莉迪亞，所以潔琪十六歲時便中斷了學業出外工作。一開始，週末帶母親出門還是兄妹倆共同的責任，後

來漸漸地，這件差事全落在潔琪身上。

莉迪亞幾年後中風。潔琪由於請假時數實在太多，索性辭職在家和老爸一起照顧母親，不久後她就發現，隨著老爸日漸衰老，家裡大小事全成了她的責任。伊安沒過多久就心臟病發作，雖然並無大礙，但伊安從此不願單獨在家，落在潔琪身上的壓力日益沉重。伊安在心臟病二度發作後，抑鬱的情況更甚，也開始住院治療。潔琪要面對的未來越來越清晰了：父親大概得無限期地繼續住院，從此她必須獨力照顧母親。在父親死前十四個月，潔琪和莉迪亞仍然定期到醫院探視，直到伊安逝於一九九四年，享年七十七歲為止。

雖然如影隨形的照護工作，已成為潔琪生活的基本節奏。但要到近幾年，潔琪才開始覺察到身為家庭照護者的獨特性與權益，她發現自已正過著一種處處受限的生活而不自知：打從十幾歲時，每有異性邀約，父親總會竭力勸說潔琪打消約會的念頭，他告訴潔琪千萬不要結婚成家，否則毫無生活自理能力的莉迪亞最終將被送進安養院。這使得潔琪連試圖去擁有穩定兩性關係的機會都沒有，而母親隨時要人陪的個性，也讓潔琪毫無個人生活可言。

潔琪一直到最近，才領悟出她多麼需要自己個人的生活空間。轉換團體的看護人員每週會來代班二個小時，再加上莉迪亞每週到日間安養中心報到的二個白天，這些時間的空隙的珍貴無可比擬。體認到舊生活的侷限、瑣碎與沮喪後，潔琪知道，自己要學習去珍惜生命中所有美好的小事，用新的眼光來看待身邊的一切。照顧母親並非人人皆可得遇的特權，潔琪開始珍視兩人共處的時光，每週幾次的共同外出時刻，也因此頻添了不少情味。

邁入而立之年的潔琪，不再為不可測的未來煩憂，開始踏實地過每一天。將自己由「純孝女兒」的名位中解放出來後，潔琪覺得眼前的一切不再那麼窒礙難行。雖然心中還是擔心著交給外人照顧的母親，但唯有如此，才能從層層現實的束縛中還原回真正的自己。母親的疾病雖然使潔琪不得不耗費大量時間心力在病榻旁，但這分難得的母女情緣並不會因現實的困難而有所減色。

別放棄其他興趣

對家庭照護者來說，和外界保持聯繫不脫節，並不是件容易的事，甚至是需要一番努力才能掙得的權益。有多少家庭照護者能不帶一絲罪惡感地輕鬆逛街？和老朋友保持聯絡？出門後不用掛心回家時間？安心地參加活動而不被父母親的緊急電話召回？爲了保有個人生活，要付出的代價還真是不少。

許多事其實沒有想像中那麼難搞定，個人的基本自由也不是必須向他人道歉的奢侈品，家門外的一切可以幫助家庭照護者紓解照護工作的壓力，使家庭照護者更有活力來面對現實生活中的關卡與挑戰。花點時間從事無論是支薪工作、義工服務還是休閒嗜好，都是家庭照護者對未來生涯的長期投資，避免未來生活空虛的窘境。也許，你得花上一番力氣和現實生活討價還價，才有餘裕進行這項投資，但最後的結果會證明，這一切的努力都是值得的。

既然要付出代價，就得對家門外的世界精挑細選，有些人重回之前的工作崗位，只要在工作時數上稍作調整，這是個與外界保持聯繫的良好橋樑；有些人積極開拓新的興趣視野；也有人藉著蒔花種草來怡情悅性；埋首書海也是頗能解憂的作法；烹飪刺繡不但能自娛，也許還能爲自己開啓事業第二春。每個人都應該開發一個能激揚心靈能量的興趣活動，外界的活動一向是許多家庭照護者壓箱底的抗壓秘方，適當的抒發自我正是通往改變的金鑰。

> 外界的活動一向是許多家庭照護者壓箱底的抗壓秘方，適當的抒發自我正是通往改變的金鑰。

和重要的人保持聯絡

另一個幫助家庭照護者在紛亂生活中保持平衡的法寶是——與親愛的人保持良好關係。前幾章已經提到，照護工作的壓力多麼容易壓碎家庭照護者既有的人際網路，家庭照護者不能再像昔日一樣隨心所欲地串門子，光是出門就夠緊張累人了，常常連寫信或打電話的力氣都沒有。父母親也以各種微妙的方式明示或暗示你應該把精力都放在他們身上，特別是因病而足不出戶的人，更是不喜歡家庭照護者還有其他的社交生活。

當然，另一個決定是否能繼續保持聯絡的重要因素是，親友是否願意配合你的新生活方式而做調整。維繫友情，某方面意謂著他們必須增加出門的次數，也許還得幫忙你照顧不良於行的老人家。對家有阿茲海默症病患的照護者來說，親友的反應往往令人既心痛又不知所措，當然他們也能了解一般人面對痴呆症患者的害怕與惶恐，但是，被拒於三尺之外的感受更不好受。也有些照護者出於困窘，總是與人保持一臂之遙的禮貌距離，因爲他們擔心朋友們會排斥他們身上因照顧失禁病人而散發的異味。

許多家庭照護者都有「日久見人心」的感慨，有些原本要好的朋友開始保持距離，反倒是沒那麼親密的朋友會常來嘘寒問暖。說真的，人與人間的關係本來就有犧牲奉獻的成份在。家庭照護者也許會索性放棄外面的世界，但讓自己的生活全然依賴父母而存在，並不是好事，父母過世後，你仍逃不了孤寂的侵襲。比較好的作法是，設法定期探視你的子女、兒孫輩與朋友，這不但能爲你在枯燥繁重的照護生涯中，添點人間的溫情與暖意，而且在父母過世後，還有他們能陪你走過傷痛，開創新生活。

某些家庭照護者要很久很久才發現孤寂早已無所不在，察覺的太晚，重拾舊友已不可能。明智的作法是，鼓起勇氣開拓新的交友圈子。開發新嗜好、加入照護者支持團體、參加筆友俱樂部都是建立新的人際網路的好方式。對閉關在家已久的照護者來說，交新朋友並非易事，但這和保持嗜好一樣，是值得爲未來生活所做的投資。

照顧高齡父母親的責任，都落在傑克身上。為風濕所苦的父親亞瑟，在一九九一年以九十高齡過世前，足足過了十二年足不出戶的生活。在這期間，傑克與母親貝蒂盡量讓他還能住在家中，只有一次，為了想搬到另一個方便上下樓的房子，才讓亞瑟暫住安養院三個月，但接著亞瑟就過世了。長年照顧生病丈夫，讓貝蒂也遭受風濕、惡性貧血、輕微喪失記憶、失聰、弱視的侵襲。失聰與長期窩居的生活讓貝蒂對外面的世界失去信心，生

對閉關在家已久的照護者來說，交新朋友並非易事，但這和保持嗜好一樣，是值得為未來生活所做的投資。

活必須完全依賴傑克。

在一九九四年申請退休前，傑克原本是領有執照的機械工程師。退休後，照顧母親成了生活的唯一重心，他得到的外界援助除了每週兩次的餐飲宅配之外，就只有每週來一次的沐浴護士了，其他的照護工作都由傑克一人承擔。在長達五年無休的照護生涯後，傑克發現，自己的生活非但乏善可陳，而且幾乎是隨傳隨到，繞著貝蒂的各種需求團團轉。

儘管照顧母親真的不容易，但傑克也很難想像，如果九十二歲的母親走了後，自己要怎麼過活。因為亞瑟臨終前的不良經驗，他早已下定決心，只要情況還可以，就要讓母親住在家裡，他相信貝蒂肯定受不了安養院的生活。六十一歲的傑克沒有家人住在附近，唯一的姊姊早在三十年前移居紐西蘭。母親已陪伴他過了這麼多年，沒有母親的日子必定只有無盡的寂寞，為了拓展生活圈，他開始修讀夜間部的學分，也開始參加住家附近的照護者團體的聚會。儘管照護工作絆住了他的腳步，面對著有限的機會，傑克依然甘之如飴。

放假休息一下很重要

喘息服務並不是奢侈品，家庭照護者與一般人一樣，需要週末的休息來調劑身心。但是，休息的權益是必須努力爭取的，我們曾在之前幾章提到過，家庭照護者必須克服來自各方的阻礙才能享有休假的權益，這包括不希望被粗心外人照護的父母親，他們會用盡各種方式，甚至包括謾罵，讓你相信他們沒有你就活不下去。

除了父母親的搖旗吶喊之外，家庭照護者的心中也常常展開正反兩面大作戰，一方是對身心需要休息的覺察，另一方則是揮之不去的罪惡感，總是不放心將父母交給外人來照顧。即使父母與家庭照護者都認同喘息服務的必要性，申請尋找適合的服務項目也是一大麻煩，爲家庭照護者設立的服務總是供不應求，光是一張病床都有長串的等候名單。你得費盡力氣證明自己的需求，才能得到申請服務的資格，同時還得爲可能擠掉更需要的人而愧疚難過，這過程需要極大的耐心與毅力。

偏偏許多家庭照護者個性又過於溫和、習慣服從與自我貶抑，爲自己的權益與人舌戰唇槍並非他們所願。但是，伸張自身權益本來就不是錯事，更何況家庭照護者的要求其實十分合理，想想看，家庭照護者爲國家節省了多少福利支出，要是沒有這群照護者的默默付出，政府得花多少錢來蓋大規模的安養院來解決這些問題。

任何人只要稍加注意，都能體會照護工作的繁重與壓力。可惜的是，身在其中的家庭照護者往往最看不清這一點。其實，光是爲了父母親與自己，家庭照護者就應該傾聽自己身體的訴求，給予足夠的休息與放鬆，接受喘息服務正是讓家

> 為了父母親與自己，家庭照護者就應該傾聽自己身體的訴求，給予足夠的休息與放鬆，接受喘息服務正是讓家庭照護者能永續照護的最好方式。

庭照護者能永續照護的最好方式。

捍衛放鬆的時刻

忙到連靜坐品茗的滋味都不復記憶，這樣的生活實在太緊張了。許多家庭照護者早已習慣與壓力爲伍，分神照顧所有大小事。有些家庭照護者以極有效率的方式打理兩個家，包括三餐、打掃、洗滌全部一把抓；有些照護者還得出外工作。許多家庭照護者惋惜著一天只有二十四小時，不夠讓他們處理完所有的事情，但忙碌還不是唯一的壓力來源。照護生活原本就是晴時多雲偶陣雨，情緒隨時鼓的滿滿地，超載的各種情緒——憤怒、沮喪、罪惡感、焦慮、哀傷——都會使壓力繼續飆漲到不可收拾的地步。

每個家庭照護者經歷到的壓力症狀都不同，包括各形各色的身體不適，例如心悸、高血壓、失眠；有些人則發現自己漸漸失去控制情緒的能力：飽受恐慌來襲之苦、芝麻蒜皮大的小事也會讓自己大哭一場、莫名其妙的亂發脾氣。

每個人都應該盡力化解壓力，學習放鬆技巧是對治壓力的好方法。在壓力過大的情況下，醫師可以將家庭照護者轉介到當地醫院或診所開辦的放鬆訓練課程。無論各行各業，人們都需要盡量保持心情平和並學習控制情緒，這類課程神奇地幫助了不少人，光是在圖書館或書店，你就可以找到大量的相關書籍與錄音帶，教導人們隨時隨地放鬆的技巧。這些技巧包括了試者去察覺累積在身體肌肉內的張力，或藉由觀想心靈景象使內心平靜。

總有一天，你得建構出自己獨特的抗壓秘方，與其把精力耗費在憂慮上，不如對自己說：「再糟的情況都遇過了，這次，我會處理的更好。」學習將注意力放在正面事物上，而不是將寶貴時間拿來想像可能的窘境。試試看，只要將嘴角揚起某個角度，不出幾分鐘，心情真的會變好！

你也可以參考自己過去放鬆心情的作法，泡個澡、沉浸在小說的世界中、帶狗狗出門散散步，都是常見的放鬆妙方。不妨試著說服家人，送一節馬殺雞給你當作耶誕節禮物！記得隨時觀照壓力指數，並盡你所能壓低它。

試試看，只要將嘴角揚起某個角度不出幾分鐘，心情真的會變好！

勇於尋求協助

願意尋求協助是最佳的永續照護態度，孤軍奮戰永遠只會提早陣亡。許多家庭照護者陷入憎恨的陷阱，痛恨那些無法提供協助的親友，卻從沒想過自己其實一直營造著「一切ＯＫ」的表象，外人怎能體會到藏在表象下的需求呢？雖然就算你真的開口，也不見得會有人來幫忙，但你至少該給個機會吧！無論一手包辦多麼值得驕傲，但累得絆到自己的同時，獎牌也同時飛了。

願意尋求協助是最佳的永續照護態度，孤軍奮戰永遠只會提早陣亡。

瑪莎的照護經歷大致可分為兩段，在母親伊芙中風後的前七年，她仍繼續原本在精神病院的全職社工員工作，白天則由居家服務員到家裡照顧伊芙。日夜忙碌的日子過了幾年後，累積的壓力與疲憊使瑪莎瀕臨虛脫。

在休養生息的這段時間內，她開始考慮未來何去何從。想想，伊芙這七年來也實在不好過，在瑪莎出門上班的時間，她得去習慣來來去去的居家服務員，以及每個人不同的照護習慣，還得花更多時間來忍受寂寞，長年下來，她連說話的能力都退化了。瑪莎下定決心，申請提早退休，好多點時間照顧伊芙，她們關係更親密後，伊芙也快樂多了。

瑪莎認為，照護圈的工作背景對自己而言是項利多。第一，她的諮商訓練讓她知道面對傷痛情緒與解決關係關卡的重要性，她認為，應該要有人協助家庭照護者明瞭過去事件對當下關係的影響，這能幫助家庭照護者跳脫不幸與厭憎的惡性循環。以她自己為例，瑪莎知道兩次的住院，以及戰爭期間的疏散逃難記憶，在童年留下了深刻的影響。等她長大後，她發現這些苦痛在母親身上也留下了刻痕。人生中何其有幸，讓她有機會以另一種眼光，審視這些影響重大的生命事件。

專業背景的第二利多是，即使窩居在家，她仍能與外界保持聯繫。昔日的同事會轉介個案來尋求諮商，她還成立了一個支持團體，教導專業人士面對工作上的壓力，這個團體定期在她家聚餐，討論成員面臨的各種問題。這樣的聚會一直持續至今，不但是伊芙喜歡他們的造訪，成員們也喜歡她。

對於休假，伊芙和瑪莎早已建立共識，她們用護理津貼支付喘息服務的開銷。瑪莎每回從羽球場回來後，也總是有好心情和最新聽來的消息和伊芙分享。

算起來，瑪莎照顧伊芙已長達十六年，照護生涯讓她對自己、對人生都有更深刻的體會，以下是她願與其他家庭照護者分享的三個建議：

- 家庭照護者應該鼓起勇氣，試著去解決長存在與父母關係中的問題。
- 護理津貼的最佳用途，就是拿來交換喘息服務，這樣家庭照護者才有固定的休假，並維繫個人的興趣與嗜好。
- 家庭照護者應該盡量保持與外界的聯繫，在照護生涯結束後，重回正常生活就不會太困難。

結論

不懂得照顧自已的家庭照護者，其實正面臨著極大的危險。無論發心多麼高貴無瑕，凡夫之軀就是不能承受長期的忽視。正視自身需求、尋求協助、發掘興趣、維繫重要關係，都能分擔因照護而生的風險。而且你可以在眼前就獲益，自尊與自信都能讓你的照護生涯更完美。此外還有長期利益，想想看，照護生涯後的柳暗花明，只要懂得捍衛自已的身心靈健康，除了照護工作的榮耀之外，還有太多太多美好的事物，等著你去追尋。

7

換個角度看事情

任何基於父母緊急需求的承諾，都不必要將其當成永久的承諾。世事無常，當年滿腔熱情與精力充沛的你，時至今日也許已無法再撐下去。當初以爲父母親的病況只要善加照顧就會好轉，沒想到父母自埋能力急遽退化，所有生活大小事都得假手他人。想想，再這樣過個十年下去，你的耐心與體力能承受得了嗎？

許多家庭照護者爲著一時的熱情允諾，付出了長年的光陰。看著曾是鐵漢的父親，像孩子般地吵著絕不進安養院，任是誰也很難抵擋擁抱眼前這個白髮老人的衝動，爲了讓老人好過些，說聲「好，我帶你回家」的確非常簡單。許多家庭照護者從未考慮過讓父母親進安養院，因爲他們早知道，跟父母商量這回事會有什麼結果，看看他們平常對送長輩進安養院的親友大加韃伐的聲量就知道了。

朵莉絲已有長達十五年的照護經驗，她現在仍與父母，喬治與凡爾莉，同住在幾十年前買下的房子裡。喬治七十五歲時，朵莉絲九十歲的姑媽搬進家中的獨立套房，當時正值教職生涯巔峰的朵莉絲非常照顧她，連姑姑嚥下最後一口氣時，都只有朵莉絲隨侍在側。姑姑過世後，朵莉絲搬進她用過的房間，這個原本只是想求個

獨立生活空間的舉動，卻惹得凡爾莉老大不高興。

朵莉絲自承，若早知照護凡爾莉是何等光景，她可能撐不到現在。朵莉絲與喬治都是到了很久以後，才知道一切的難侍候正是阿茲海默症的病狀。但書本裡的知識，仍無法幫助朵莉絲面對這個疾病所帶來的殘忍現實。在朵莉絲自己也因心臟與腫瘤問題開刀，並導致腎臟方面的後遺症後，重重問題開始浮現，朵莉絲從中學校長的位置提早退休，回家面對的並不是清閒的休養生活，而是事事需人照料的凡爾莉。

朵莉絲將照顧母親的機會，當成是讓母女關係重新來過的契機。她知道母親向來對她的生活方式不甚滿意，凡爾莉希望朵莉絲能像她妹妹一樣結婚生子，過著正常女人的生活。朵莉絲就這樣帶著一絲渴求大和解的希望，開始照顧母親，希望母親能免於阿茲海默症的影響。母女關係的重生，讓朵莉絲小有慰藉，唯一的遺憾就是，這段母女關係的全新體驗還是來得太晚了些。

這個照顧母親的機會，讓朵莉絲撫平了多年尖銳的不平與衝突，如果人生中少了這一段，現在的她也許仍在沮喪與抑鬱的幽谷中無聲地絕望下去。

雖然不習慣無法表達內心的感受，也無法分擔照料凡爾莉的例行工作，但八十高齡且全盲的父親，仍然給予朵莉絲相當多的支持。喬治是唯一能與朵莉絲共同經歷凡爾莉病情日益惡化的重要人物，父女倆向來無所不談。

照顧阿茲海默症病人的巨大壓力，也常讓朵莉絲陷入極端的情緒反彈。分身乏術的時候，恨不得一切混亂馬上結束；但還沒準備好面對失怙恐懼的心靈，又會希望母親的壽命能無限延長下去。除了情緒上的分裂之外，朵莉絲也很難從繁重的日常照護工作抽身片刻，凡爾莉是那種只是一星期去一兩天日間安養，就會鬧脾氣奮力抗拒的人。但隨著凡爾莉的病情加重，喬治和朵莉絲必須每六個星期安排二個星期，讓凡爾莉住到安養院去接受治療。朵莉絲父女倆不但要承受凡爾莉去安養院前的強力掙扎，第二次療養後院方寄來的巨額帳單，更是猶如雪上加霜。

凡爾莉曾多次懇求喬治別將她送進療養院，雖然喬治答應了，但由於凡爾莉生活自理能力的急遽退化，暴增的體重使得照顧她的人格外辛苦。喬治眼看著自己的

允諾卻讓女兒壓得透不過氣來，即使明知凡爾莉承受不了與家人的離別，也只好忍痛將她送往合適的單位接受照顧。

就在預定離家的前一天，凡爾莉的病情突然加重，在女兒與丈夫的陪伴下，以八十九歲高齡逝世於醫院，離她與喬治結婚已有六十二年。喬治與朵莉絲是不是仍恐懼永別，已不再重要，一切都在此刻畫上了句點。

失去母親兩年後，朵莉絲全心全意珍惜與父親相處的每一天。眼盲心未盲的喬治仍有相當好的生活自理能力，對九十高齡的人來說，算是不錯的了。他也坦言，若無朵莉絲持之以恒的照顧，光憑自己是絕對活不了這個年紀，這實在是得感謝女兒長期的支持與協助。雖然已來不及從母親口中聽到對自己單身生涯的肯定，但朵莉絲仍慶幸自己在母親臨終前，能及時將自己的愛與關懷表達出來。現在她別無遺憾，只擔心總有一天，父親也將會離自己遠去。

即使擁有超凡的意志力，也無法停止父母向老化前進的速度。世事變化無常，重要的是，隨時調整自己的心態和腳步，讓一切離圓滿境界更近。

面對環境的變化

家庭照護者每天要面對不同的情況，隨著父母親病情起起伏伏，有時甚至同一天還來個戲劇化的大逆轉，父母的身體功能不但因老化而衰退，偶發的感染更是加速侵蝕健康。即使一開始你能自行打理一切，但隨著父母健康曲線下滑，驟增的壓力指數很可能會狂飆過任何人可獨力承受的範圍。

父母依賴値的增加，意謂著既有的居家環境不再適合病人生活。原本抬腿就可輕易跨上的階梯，在行動不良病人的跟前，硬是難如登天；操作了一輩子的家庭用品，很可能成爲嚴重意外的禍首。這就是該做點變動的時候了，也許是爲他們安設警鈴系統，或索性空出自家的房間，讓他們搬進來就近照顧。如果這些情況發生在申請評估之後，要記得主動告知照顧專案經紀人，以便他們調整安排好的服務項目，例如安排餐飲宅配或日間安養中心的定期照護。

照護專案經紀人都隨時面對變動的心理準備。他們必須定期檢視申請人的狀況，以調整所需的服務等級，稱職的經紀人同時還要將家庭照護者的身心狀況納入考量。換句話說，他們的功能之一，就是讓家庭照護者免於單打獨鬥、心力透支的困境，只要家庭照護者的壓力值開始向上飆，經紀人就應該適時介入，並提供資源。當然，在左支右絀的照護生活中，家庭照護者很難靜下心來，定期自我審視環境需求。疲憊加上惰性，使多數家庭照護者都正在動用青春與體力的第二準備金來應付所有例行和突發的需求，就像財政不良的政府蝕老本挽救股市一樣，要等到身心能量崩盤後，才知道自己畢竟不是超人，年輕巔峰時期的精力，早已是過去式。

比較理想的作法是，和父母親一同坐下來討論眼前的需求和願意接受的外界協助，父母對子女處境的體諒，是尋求合適服務的重要關鍵。但也別因爲父母親反對，就讓自己陷入彈盡援絕之地，記得，朋友或專業人士的旁觀者清，都是此時此刻的寶貴資源。過一天算一天的鴕鳥心態絕非解決之道，別再幻想自己會永遠擁有超人般的體力與耐心，長串壓力的骨牌一推倒，會讓自己與身邊的人都被災難淹沒。

逐步提高外界支援的比例，是理智且實際的決定，絕不等於對現實低頭。家庭照護者也需要自己的照顧，別當被熱砂窒息的傻鴕鳥。當父母安抵人生終點時，你可離終點還遠得很呢！現在就把自己榨乾，到時就連繼續上路的本錢都沒了。

只要開始考慮運用其他資源，偉大的家庭照護者就已經離剛剛那隻笨鴕鳥又遠了一步。只是放亮眼睛看看住家附近的安養服務，不該被「污名化」為背叛，這是真心為未來打算的明智規劃。世事無常，沒有人能保證一切將保持現狀，不時多打聽當地居民對各機構的風評，到真正需要時，才不會做錯決定。

父母臥病初期，是討論其他可行

> 別因為父母親反對，就讓自己陷入彈盡援絕之地，記得，朋友或專業人士的旁觀者清，都是此時此刻的寶貴資源。

照護方式的好時機。透過討論，子女也可以探知父母親對各種護理與生活方式的好惡，也可以提供親友們的照護安養甘苦談給父母親參考。與父母一同拜訪各家安養機構，也是幫助雙方調適的好方法，同時還能預防未來倉促的劣質決定。一個可行的作法是：找一家你們都覺得不錯的機構先提供短期服務，不但可以觀察該機構的氣氛和成員，也可以減輕未來可能的心理衝擊。

得放手時且放手

將父母親送往安養院，是個會令多數人沮喪的決定。那種感覺就像是將至愛棄置荒野、任人宰割，也彷彿違背了當年雙方都未曾說出口的約定。

通常子女都是逼不得已才出此「下策」，照顧不良於行老人的生活，非常耗力；腦溢血、心臟病、骨折等意外，也不是一般家庭有能力自行處理的。由於高齡者恢復速度較慢，在沒有緊急危險的情況下，醫院也會建議家屬安排出院，另覓安養機構。

將父母交給安養機構，不見得是因爲父母需要專業醫護照顧，更多時候是因爲

家庭照護者早已筋疲力盡。經年累月的照護工作會極度耗損個人的健康與情緒能力，能量耗損的最常見現象是：當年的熱勁與耐心不知到哪兒去了，不耐與沮喪早已是家常便飯。此外，家庭照護者也還有自己的婚姻與家庭，家有長年臥病者對子女的心理影響，以及婚姻生活品質的經營，都是值得深思的問題。

將父母交給安養機構，不見得是因為父母需要專業醫護照顧，更多時候是因為家庭照護者早已筋疲力盡。

與現實打交道

「該怎麼做？」仍是家庭照護者最關切的問題，只有外在環境的千絲萬縷都塵埃落定後，人才有心情關注自己的內在感受。

記得，你該作的第一個動作是，與居住地的社會局處聯絡，讓他們安排專案經理人。如果父母親因病住院，在出院前，院方應該會派社工人員來探視，他們也可以代為申請各項社會福利服務。

社會局處派來的專案經紀人，他們的主要工作就是評估申請人的需求等級，並視需要來安排轉介安養或護理機構，在評估過程中，家庭照護者的情況也應包含在內。如果家庭照護者的確無法獨力負擔照護工作，就應當向該專案經紀人表達，讓他們知道讓家庭照護者繼續獨自負擔是不合理的要求。你也可以請他們提供住家附近的機構名冊，花點時間親自去看看，可以的話，帶父母親一同前往，畢竟這是未來他們可能長住的地方。

每個人對安養機構都有不同的需求，有人注重個人隱私，希望院方安排單人房間；有些人在意的是作息時間，或多久洗一次澡等細節。當然，比起硬體設施，工作人員是否熱忱、服務時的氣氛是否融洽無間，是更重要的事。

調閱各機構的評鑑記錄乍看之下並非易事，但事實上，所有安養機構都必須定期接受考察，機構也應將督導單位的名稱與聯絡電話置於明顯處，而且每個人都有權利向督導單位索取評鑑資訊。在英國的情況是，一旦老人入住安養機構，而原本居住的房屋無人使用，就應將房屋出售以支付安養費用，直至財產餘額達一萬六千英鎊爲止（這是英國於一九九五年所制定的下限）。若當事人拒絕出售，社會福利機關有權開徵各項費用。

處理自他的感受

露絲的母親艾德娜長年臥病在床，總是來回於家和醫院之間。在生完第四個孩子後，她經歷了一次婦科手術、兩次嚴重的急性風濕關節炎、膽囊割除、心臟病，以及需要長期注射胰島素控制的糖尿病。為病纏身的艾德娜非但從不抱怨，還片刻不忘助人。

露絲結婚後，父親查理的視力開始衰退，全盲後的父親一切都得仰賴多病的艾德娜。查理申請提早退休後，老夫妻倆決定遷居北愛爾蘭的老家，遷居後麻煩的事開始接踵而至：每當艾德娜生病住院，露絲就得拖著三個孩子到貝爾法斯特照顧父

親，這對大家顯然都毫無益處。

就在再度遷回蘇格蘭前，查理得了肺癌，而艾德娜也仍然不斷地出入醫院。查理過世後，在艾德娜搬進露絲家附近的小平房前，露絲又陪她住了幾個星期。這段期間，一開始只要每天一通電話，就能讓露絲安心，但當艾德娜的健康再度走下坡後，露絲就得每週抽幾個晚上到艾德娜的小屋幫忙收拾煮飯，還好後來找到一個能幫忙準備晚餐的女士。後來又發生了幾次要鄰居和巡警破窗而入的意外事件，這顯示，艾德娜已無法獨立處理自己的生活。

在艾德娜待過幾次安養院，接著又住院六週後，開始有人建議露絲，由於艾德娜的情況特殊，家居安養不見得適合她，應該為她找個可以提供全日專業安養服務的機構。

但露絲覺得，無論如何，只要自己還有能力，就不該假手他人。畢竟，她們是一對那麼親密、無話不談的母女，艾德娜擁有露絲全部的親愛與孺慕。

露絲繼續在家中與母親的疾病搏鬥了兩年，期間只有丈夫和少數親友偶爾幫個忙，最後，筋疲力竭的露絲，只得將母親送往安養院。但當一切安排就緒後，露絲強烈地覺得自己做錯了，覺得自己不該這樣對待母親。她看著母親的健康從此繼續惡化下去，特別是記憶力的大幅衰退。

回首來時路，總有些時候倍感艱辛。例如，露絲的女兒在醫院生產時，艾德娜也正因糖尿病昏迷住院十週，露絲的處境只能以雪上加霜來形容。儘管擁有較常人更圓滿的母女關係，但鎮日閉居家中與疾病奮戰的結果，也幾乎將露絲完全掏空，讓她只想逃離這一切，之前的耐性都不知到哪裡去了。這些自然的情緒反應，卻帶給她很深的罪惡感，看著母親在住進安養院後健康急遽衰退，心中湧現的只是怎麼樣也揮之不去的絕望與苦澀。

雖然現實面的安排，可以讓每個人都有個喘息的空間，但生命走到盡頭時，所散發出的苦痛卻是無處可逃。

再多的努力，也無法掩飾人力難逆天意的失敗，這就是現實。長年奮鬥的結果就在眼前（還不是難逃一死？），命運與環境所恩賜的這項挑戰，無情地侵蝕了健康。

才抵達馬拉松賽終點的家庭照護者，非但無力慶賀任務大功告成，還會爲自己的「臨陣脫逃」追悔不已。也許，看看別人的例子，能幫助減輕這類焦慮，很少人能將父母親送進安養院而不感到罪孽深重，詭異的是，越盡心盡力的人，往往罪惡感與挫敗感就越強烈，這點父母也幫不上什麼忙，因爲就連父母臨行前的眼神，落在子女心中都有如無言控訴，指控著自己的殘酷與不孝。

別怪父母爲何不能更主動體諒子女的苦處，要知道，再怎麼貼心的安排，對老人家來說，安養院很難不與創傷和壓力畫上等號。在他們過去的認知中，安養院很可能是一個非常恐怖的地方：和一群陌生人集體生活，而死亡隨時可能發生於其中。

在父母親成長的那個年代，也許安養院正是「貧病老人集中營」的文明用詞，那是一個十九世紀與二十世紀接壤時，讓無依老人坐待死亡來臨的悲慘之地。在這個唯有罪惡才受媒體青睞的時代，他們也可能聽聞一些駭人的安養虐待事件，卻不知這些案例實屬罕見。了解父母親恐懼心理的由來後，子女的溫和穩定立場，會讓父母親很快就發現這些恐懼的不必要。無論如何，在接受既成事實後，安養院的專業護理與嶄新的社交生活，會讓所有的憂慮一掃而空。

一般人對將父母交給安養院照護多少還是難免焦慮，也有點捨不得「孝子孝媳」的美名。更何況，多年的近身照護早已讓家庭照護者發展出驚人的直覺力，知道怎麼移動老人家不會引起不適、如何調理容易消化又不失美味的三餐、老人家偏好的生活習慣與作息。照顧老人有這麼多細節要處理，安養院的員工能盡快進入狀況，來配合老人家的需求（甚至是怪癖）嗎？領薪水工作的人會像自己的親人那麼貼心週到嗎？

因此，在選擇安養院時，院方對家屬的定位，也是要考量的重點之一。較人性化的作法是，將家屬視為照護工作的合作夥伴，並在接案前主動與家屬（負責照護工作的）討論老人家的個別需求，好的安養院會想法子讓家屬有參與感，讓家屬對安養院也有「家」的感覺。如果你挑對了一家尊重家屬意見的安養院，一定能省下不少溝通的精力。

當然，不能只作單方面的要求，善體人意的家屬絕不會讓工作人員有被人頤指氣使的感受。試著把心胸放寬一點，不見得只有自己那一套才是最好的方式，細心點觀察工作人員的照護方式，也許還能從他們身上學到不少呢！試著信賴其他的照護者，認爲「只有自己才會真正設身處地爲父母著想」的想法，其實在某方面來說，也是一種心胸狹窄的壞毛病。當然，安養院的集體照護在某方面絕對不能與家中一對一照護相提並論，舉例來說，當老人家內急時，如果所有工作人員都在忙的話，等上個幾分鐘，也許是必須接受而且忍耐的現實。

安養院的照護很難盡如人意，但要記得，凡事總有好的一面，比起在家中與世隔絕，在安養院至少還有工作人員和室友可以接觸，而且安養院中的醫療資源，也絕對比家中還安全。除了基本的食衣住行之外，安養院通常也會舉辦活動，滿足老人家對休閒娛樂的需求。

雖然，在大多數人心目中，安養院永

試著信賴其他的照護者，認為「只有自己才會真正設身處地為父母著想」的想法，其實在某方面來說，也是一種心胸狹窄的壞毛病。

遠不能取代「家」的地位，但由於安養院有全天候提供醫療服務的便利，而且新的社交環境，也會激發老人家適應環境、發掘新樂趣的潛能，在他們適應新環境的過程中，趁家屬來訪探視時吐吐苦水也是天經地義，但這的確很容易造成家屬與院方間的誤會。通常只有資深的工作人員才能了解這種心態上的起起伏伏，如果家屬有幸遇到這樣一位通達人情事故的工作人員，應該可以有效化解心中的疑慮與不安。

為自己尋找下一個舞台

家庭照護者將父母親送往安養院後，往往會經歷一段不知所措的失落期。照顧父母不再是生命意義與生活動機的主要來源，原本被例行性照護工作填得滿滿的日子，突然多出了不少空白，讓人更驚訝於照護工作原本在自己生命中所佔的比重。失去了重心的漫漫長日，其實正是重建自我的良好時機。

尋思如何繼續扮演父母親支持者的角色，正是重建的第一步。安養院並不是親子關係的終點，無論距離多遠，親子的關係與感情都是不變的。只是你不再獨力負擔照顧父母親肉體健康的責任，這是一個很好的機會，讓你純樸的孝心能從基層的照護工作中解放出來，轉向更高層、純淨的心靈與情緒照護層面。

每家安養院都有不同的規定，有的不允許家屬為住院者更衣、餵食，有些則完全不設限。有些安養院為幫助老人家早日適應集體生活，會限制家屬在初期的訪視次數。但這些都不應該是影響你與父母會面次數的主要因素，唯一能影響親子間會面與溝通聯繫的因素是，家人對老人家的了解程度。當然，某些外在的因素的確也應該納入考慮，過於頻繁的探視除了增加舟車勞頓與來往開支外，也可能因為雙方都還未適應新局面而頻生誤會與感傷。甫卸下照護重責的家庭照護者最好能利用這段期間休養生息，讓長什的身心壓力得以有一個溫和的釋放管道，好好睡一覺、學習照顧自己的情緒，都是可以做的事，別讓美意反而成為負擔。

可以的話，別急著進入新的固定生活型態（如工作），讓這段準備時間拉長些。無論你接下來打算加入義工團體，還是出外工作，在填補生活空白前，記得先站穩了腳步再出發。

麥克的雙親結縭於一九三九年，由於戰事，他們到一九四六年才開始建立正式的小家庭。麥克是家中的獨子，父親湯姆和母親瑪喬莉在同一家公司上班，這家公司用了不少當地人，湯姆服務居滿五十年才退休。

麥克離家上大學，之後接受師資訓練，在老家附近謀得教職，並回鄉與父母同住。接著又從鄰近鄉鎮的小學轉任中學母校的教職，與雙親相處都非常融洽的麥克，跟母親更是特別親密。

在退休後的頭兩年，瑪喬莉過的既充實又多采多姿，不但利用下午時間修課，還參加教會的婦女活動，但六十二歲那一年，她開始受到阿茲海默症的侵蝕，需要麥克和湯姆的分工照顧。麥克會利用學校休假時，帶老媽來趟火車之旅，好讓老爸喘口氣。一九八五年，湯姆心臟病突發過世，享年七十一歲，麥克清早起來，發現老爸已在床上氣絕多時，躺在身邊的瑪喬莉卻毫不知情。為了讓瑪喬莉認清湯姆已逝的事實，麥克每天帶她去殯儀館，但瑪喬莉的天真反應，老是讓麥克覺得老媽仍在狀況外。

雖然生活得像支兩頭燒的蠟燭，但麥克將工作視為解放壓力的管道，同時他也報名參加當地精神醫院的照護者支持團體，與其他成員交流經驗，相互學習與成長。麥克說，他必須隨時隨地振作，只看眼前的事，是他面對壓力的最好方法。

社會福利局在瑪喬莉生病九年後登門造訪，建議麥克找一家能安置母親的安養院。完成遷往安養院的所有法定程序後，麥克不但對安養院的服務品質相當滿意，也為母親適應新環境的順利感到欣慰。放下重擔的麥克開始追求新的人生方向，他接受訓練，為成為國教牧師而努力。

在老媽遷往安養院後，麥克仍然定期向照護者支持團體報到。這使他能繼續與自己的內在感受溝通，也幫助他度過眼見母親逐日衰老的苦痛。

瑪喬莉與麥克的母子關係仍然是進行式，麥克只要有空，就會到安養院探視老媽，兩人一起在花園裡散散步、聊聊天，這種互動方式一直持續到瑪喬莉過世前兩年為止，那時她的病情已經惡化到連兒子都不認得了。但麥克仍然不放棄任何一次探視的機會，亟力捕捉母親意識清醒的一點浮光掠影。他會穿上牧師袍，陪同瑪喬

莉一起祈禱，共同念誦著仍留在瑪喬莉記憶中的祈禱詞。雖然最後幾次的探視已無多大意義，但麥克不願在瑪喬莉最後的生命中置身事外，他非常珍惜這些心靈平靜的時刻。

在遷往安養院五年後，瑪喬莉過世了。損耗瑪喬莉身心的阿茲海默症，意外地盤踞了麥克十四年的生命。現年四十九歲的麥克，成年後的大半日子都在與此疾病搏鬥，從未埋怨上天不公的他，認為照顧瑪喬莉是完全發自內心的愛與感謝的行動，而且是母子之情的必然結果。

互相支持面對未來

雖然將父母送往安養院，在子女心中是件不尋常的大事，但事實上你並不孤單，世界各個角落都正有人經歷著相同的故事、類似的心情。讓同樣面臨這些問題的人集合起來，互相交流心得與感想，應該是件可以造福不少生命的美事。也許，在你父母居住的安養院就有一個家屬團體，這個家屬團體可以發揮的功能遠比募款還多，英國的家屬協會（Relatives Association）正是此類團體之一，該協會每週一至週四，上午十時至十二時三十分，下午一時三十分至五時提供給予外界人士的諮詢服務，電話是 01719166055。此外，他們也定期發行簡訊，目前的目標是結合全英各地的同類團體。

如果你對父母所在的安養機構有所疑慮，別忽視這份擔心。雖然過度的抱怨與干預，可能最後倒楣的還是留院的父母親。爲減少可能發生的弊端，院方應該在接受入院時，就爲家屬介紹正式的申訴管道，宣傳小冊與傳單中，也應該明列這方面的訊息。一般申訴程序的第一步，應該是將問題非正式地向院內某位工作人員反映（例如負責照顧父母的某位工作人員），接獲反映的工作人員應該深入研究並提出解決方案。如果你對他們的回應方式不甚滿意，下一步可以與當地的監督單位聯繫。安養院通常會將督導單位的地址電話張貼在機構內醒目之處。當然啦，最好的情況是，這些申訴程序永遠派不上用場，但家屬千萬不要放棄父母照護品質的守門員角色。

結論

也許你從來沒想到會有把父母送往安養院的一天，因此，心中滿是罪疚與傷懷。但要切記的是，你已盡力而爲，也盡量使父母親得到了現況下最佳的安排。親子間的關係是永遠不會改變的，既然心中的愛與奉獻未曾稍改，爲何還要譴責自己？安養院不是可厭之地，這裡同樣有溫情與愛心，陪伴老人家走過生命中的最後歲月。

8

樹欲靜而風不止

親人過世後，往往緊接著就是人仰馬翻的慌亂期——該有人籌備喪禮、發訃文聯絡親朋好友、處理遺產的繼承分配……，此外，來自親友的安慰致意，也讓人失去了靜心思維死亡真諦的空間。

在所有兵荒馬亂終於塵埃落定，絡驛不絕的訪客也不再上門後，父母親離世的危機層面才正開始浮現。週遭不了解情況的人士善意地提醒你這是從重擔中解脫的大好良機，催促你快點丟開舊包袱、展開新生活。但新生活難道不需要先流汗耕耘再歡呼收穫嗎？照護生涯在生命中留下的重重疑情，在長年壓力的隔絕之下，現在正開始點點滴滴浮上心頭，引領你我回顧自己在父母最終歲月所扮演的角色，以及這些日子如何地改變了自己的生命，此時朋友的支持是幫助個人回顧照護生涯的關鍵力量。

也許得花上好些年才能解讀自我對照護生涯的真正感受，過程可能會超乎想像的緩慢，也可能勾起意想不到的情緒潰堤。筆者將在這一章提供一些建議，幫助你走過這段必經之路。

認清你所失去的

對長年侍親於病榻之側的人來說，親人的逝世會帶來各種錯綜矛盾的情結，包括成年心靈初次嘗到的失親衝擊──眼見今世生命、愛與歡笑來源的軀體與心靈逐漸凋零；死神造訪的等候名單上，自己又向前進了一位。任何人，在死亡巨大的灰色陰影籠罩之下，都會感到不寒而慄。

許多家庭照護者早已習慣與悲情爲伍，在死亡真正降臨之前，父母親肉體與心靈的衰退，正是死神對其勢力範圍的宣告。有時候，在死神正式攫走父母前，類似失智等疾病早已半強迫式地擄獲了他們的心靈。除了面對死亡的直接衝擊外，許多人還得重整記憶，讓父母親晚年被疾病侵襲的性格與一生所留下的心靈印象不致混淆，這都是困難度相當高的心靈重建工作。

失落感會在生命的各個角落不期然地冒出頭來，照護者失去的不僅是父母親，還有自己長年來所扮演的角色。習於將個人生命意義建築在父母需求之上的家庭照護者，在頓失奉獻對象後，生活中出現的空洞是很難形容的，曾經割捨越多的，越能感受。家庭照護者也許因爲多年遠離職場而使工作技能過時，友誼因疏於聯絡而褪色。盤據生活重心的父母親一旦淡出後，家庭照護者該如何重新定位自我？因照護而生的新緣分（護理、社工人員）不再有頻繁的互動可維繫。一時之間，照護者失去的不僅是父母，還包括了整個世界。

在外人眼中，失能父母的離世對子女也許是種慈悲的解脫，但對當事人來說，與「解脫」同來的卻是角色與生活方式的失落。家庭照護者即使有意踏出家門重返職場，也往往因長期閉關自守的家居生活，以及對工作技能過時的恐懼，在世界之窗重新開啓之際，舉目所見卻只是一片刺眼的陽光。

面對父母的離世，每個家庭照護者都有其獨特的因應方式。有些人在此際展現了優異的心理應變能力，也有人終年沈浸哀傷無法自拔，任由父母逝世與臨終前的情景縈繞不去，也許還要加上不知該向命運還是蒼天控訴的憤怒，懷疑自己努力仍舊不夠的虧欠之情，以及如夢境般的難以置信。無論多麼難解複雜，這都是一般人在失親後常見的反應。

看到自己對至親的長年付出，在死亡的陰影之下，終究也將煙消雲散，這種因幻滅而生的憤慨，是常見於家庭照護者間的非理性反應。家庭照護者習以爲常的奉獻生涯，在失去了公轉的中心之後，失落感再加上奉獻慣性的難以終止，正是罪惡感強佔親情空隙的最佳時機。在失落親情的心靈放大鏡下，曾有的齟齬與憤怒突然無所循形，成爲此生再無補償機會的遺憾。

「難以置信」也是可以體會的感受，經過時間的沉澱後，處於風暴中心的家庭照護者才開始能看清真相；而因需要而啓動的照護動力，也需要一段時間才能讓其運作的慣性靜止。想想看，那麼多傾聽病苦的夜晚，那許多行色倉皇急著趕回家照顧病人的日子，難道不會在家庭照護者的生命中留下重量嗎？對早已習慣負荷兩倍生命重量的照護者來說，許多感受是無法避免，但也毋須刻意避免的。這難道不是正常心靈的運作方式嗎？我們可以放手交由時間治癒傷痛，也可以更積極一點，學習與情緒交手，而非逃避的技巧。英國境內的家庭照護者，可以透過各地民政社會機構的義工服務，申請 CRUSE 的□□諮詢；此外，親友的促膝長談也往往是頓悟人生課題的契機。要記得，千萬別刻意壓抑感受與情緒，簡簡單單地面對它、看著它生起、消失才是對心靈有益的方式。有時候，得經歷同一個情緒關卡好幾次，才能真正化解開來。這些現象，都是真正關心你的人所能理解的，而這過程可能需要一兩年的時間。

> 我們可以放手交由時間治癒傷痛，也可以更積極一點，學習與情緒交手，而非逃避的技巧。

從不識快樂滋味的克莉絲汀，對未來也不抱奢想。命運的不幸在一九七一年，她四十歲那一年正式爆發：因心臟病發而撒手人寰的丈夫，留給她的是兩個年方十二與十五歲，仍需撫養調教的女兒。說真的，由於丈夫任職海軍，扣除前幾年的兩地相思，克莉絲汀並沒有享受到多少平凡夫妻的穩定婚姻生命。往後的日子，在微薄的薪資與東挪西湊的困窘中，更是毫無歡樂可言。丈夫過世之時，克莉絲汀已經照顧從鄉下來依親的父母長達十二年，就在那一年，克莉絲汀的父親開始臥病不起，三年後以八十七高齡去世。在這段期間，克莉絲汀始終與母親米莉一同照顧父親，也一起分擔沮喪與心碎。

勉強算是平靜無波的過了幾年之後，克莉絲汀在一九七八年找到當地一家醫院的助理護士職位，新的工作讓她感到心裡十分踏實。但沒多久，米莉開始出現阿茲海默症的癥兆，回想起那時候，克莉絲汀真是希望當時的自己能對這種疾病有更多的了解，當初若知道阿茲海默症會造成病人性格上的改變，就不會為母親各種反覆無常的說辭那麼耿耿於懷，也不會有那麼多不必要的痛苦。米莉向來是個頗有威嚴

要記得，千萬別刻意壓抑感受與情緒，簡簡單單地面對它、看著它生起、消失才是對心靈有益的方式。

的母親，但在疾病的魔掌之下，卻成了時時要克莉絲汀呵斥指正的孩子，這種角色上的倒錯讓克莉絲汀很難適應。米莉會在半夜三點，突然想起一個其實已經遺落很久的小東西，把臥室搞得天翻地覆，得要克莉絲汀連哄帶騙才能將老媽送上床，生活成了一連串鬧劇的組合。

一九八三年，還差八年就到退休年齡的克莉絲汀，自忖再也無法兼顧工作和老媽後，決定向穩定的工作與收入告別，在家全心照顧母親。但四年後，克莉絲汀自己的健康狀況也讓她無法獨力繼續在家中照護母親，在自己也住進醫院後，克莉絲汀必須正視現實，身為獨生女的她除了另覓安養院之外，別無它途。

這個決定，除了代表米莉的病情每下愈況之外，對克莉絲汀來說，這同時也象徵了一種對母親的遺棄與對自己心願的背叛。個性強硬的米莉曾信誓旦旦絕不進安養院，每回探視，克莉絲汀的心情就更沉重了些，米莉的神智與意識，讓克莉絲汀總在兩眼迷茫中踏上歸途。罪惡感與齟齬的負面記憶爭著浮上心頭，這分苦澀格外難嚥。克莉絲汀眼見著母親在四年中永無止境的衰老，到了臨終前兩年，連女兒都

認不得了。

米莉在一九九一年逝世，享齡九十三歲。克莉絲汀花了幾年的時間休養生息，定期接受諮商，才開始有勇氣接觸新事物，也一直到最近才能以平常的口吻談論母親的疾病和自己的心路歷程。寫作在此時成為最佳的抒懷工具，克莉絲汀選擇以詩來表露、探險自己的心靈。在那許多心靈為悲情與罪愆焦灼著的日子中，克莉絲汀也曾考慮過自殺的可能性。談到這裡，克莉絲汀幽默地說道，還好在拿到藥罐前，她的手總先摸到了紙筆，讓她從鬼門關前又被拉了回來。

現年六十四歲的克莉絲汀健康狀況並不佳，之前才判定罹患骨質疏鬆症的她，近日又連摔了好幾跤。兩個女兒的婚姻也不如意，亟需她的情緒支援。克莉絲汀認為，自己其實微不足道，是家人對她的需要，讓她必須一路連跌帶撞地走來。她希望，有朝一日，自己也能夠有足夠的能力，為有情緒問題的人們提供諮商。

可能來臨的疲憊不堪

不是每個人都能在父母離世後，幸運地得到足夠的時間好好充電休養，讓疲憊的身心汲取能量、蓄勢待發。對家庭經濟情況不佳的人來說，少了一份社會福利津貼，就可能讓全家又向饑餓線靠近了一步，重返工作岡位前的喘息，對他們而言不啻奢侈品。

在照顧失能父母的歲月中，爲人子女往往不能也不願估計自己所承受的身心壓力——長年支離破碎的睡眠品質、對突發意外的全天候提心吊膽——榨乾了多少生命能量。家庭照護者在父母仍在時，不得不竭心盡力，但一切暫告終止時，原本被刻

意遺忘的疲累開始排山倒海般地向照護者襲來，才剛卸下重擔的照護者也許會發現連應付最簡單之日常事物的力氣都付之闕如，對睡眠的渴望似乎是個永遠填不滿的無底黑洞。

也有人在父母棄世後，不幸地出現接二連三的疾病、憂鬱等身心能量崩盤的現象，上天真的這麼不公平嗎？讓竭盡心力的子女遭受這樣的懲罰！事實上，不妨將這些困厄視爲上天對家庭照護者的悲憫，提醒當事人在多年的超人生涯後，該好好地以休養、休假滋養自己的身心靈了，需要休息並不代表軟弱無能。相對地，怎麼樣從充滿突發狀況的警報式生活，回歸到氣定神閒的正常步調，才真的是門藝術。有些人以埋首更繁忙的工作，來逃避無所不在的悲慟，這雖然也是一種必須尊重的個人自由，但爲何不把握這個人生難得的良機，完整品味生命的苦澀與甘美，全觀地回顧過

需要休息並不代表軟弱無能。相對地，怎麼樣從充滿突發狀況的警報式生活，回歸到氣定神閒的正常步調，才真的是門藝術。

去、展望未來呢？

讓時間治療創傷

「父母離世」在心理學家的生活壓力事件列表中，被歸類爲會帶來極大壓力的「重大生活事件」，也需要當事人付出相當的心力來重新調適。這在身心俱疲的情況下絕非易事，時間正是調適成功的最大關鍵。先拋掉「讓一切回到原點」的不切實際願望吧！積極重建生活與心靈的新秩序才是首要之務。

漫長的家庭照護歲月絕非只是對人生的一記輕吻，吻過之後就可雲淡風輕地從記憶中消逝。照護的經驗不僅難以抹滅，還強力且激烈地貫穿了家庭照護者的生命、性格、世界觀，從心底深處開挖出耐心、寬容、慈愛等原本潛隱不現的人格特質，讓當事人重新審視生命事件的優先順序，最美麗的是，經過這番寒徹骨蛻變後的生命，正是世間人性光輝與無窮慈悲的泉源。

在個人生涯接受了如此強力巔覆的洗禮之後，很難讓一切簡簡單單地回到原點，重返職場不再是個僅需考慮薪資、技能的簡單問題，個人從家庭照護經驗中所得的正面力量，能不能在昔日的工作中得到發揮，也是重回職場前的必要考量。過去的一切經歷在經過統整融合後，應該隨著生命整體一同前進。如果能走出一條新路，讓過去所有經歷與未來銜接，則可謂圓滿無缺。在這樣的前提之下，有人決定重回工作崗位，帶著新生的心靈力量進修新的職場技能，也有些人決定投入義務工作的行列。

如何探索開發照護生涯終止後的新生活？思維與討論兩者不可或缺（特別是與親友的長談），藉由旁觀者的角度爲你釐清照護生涯所導致的變化，讓未來可能扮演的角色從一團渾沌中浮現。當然，你也可透過家庭醫師或社福單位介紹專業諮商員，藉由其專業素養，來作進一步的生涯規劃。

踏出成功步伐的關鍵在於：永遠別倉促投身任何的新角色。對自己慷慨點，花點時間回顧生命並非必須乞求旁人饒恕的罪惡。即使催促你的人真的充滿善意與智慧，但事實上，你是自己人生棋局的主宰，無論這步棋得長考多久，決定權仍該掌握在棋士，而非旁觀叫好的觀眾手中——除了自己，沒有人有資格要求你速下決定。

安的丈夫，凱思，來自生養了七男一女的大家庭，他們婚後與公婆同住在這個雞犬相聞的小鎮上，相隔不過數戶之遙，早在兩個兒子相繼出生前，安已經開始定期分擔婆婆潔西的家務負荷——每週一到婆婆家幫忙晾洗衣物。

隨著時移日往，安扛起的瑣事責任也日漸增加，她開始和妯娌們輪流負責打理潔西的三餐。潔西在晚年連續失去三個兒子後，開始表現失智的癥狀，兒女們為了她的安全著想，將潔西的臥室移往一樓前端，並裝設了通往凱思與安住處的特別警鈴。即使已設

踏出成功步伐的關鍵在於：永遠別倉促投身任何的新角色。對自己慷慨點，花點時間回顧生命並非必須乞求旁人饒恕的罪惡。

想的如此週到，令人神經緊繃的意外狀況仍頻頻發生，最後大家只好決定讓潔西搬到格局相近的凱思家中，安與凱思一樣將母親安排在一樓前端的房間中，夫妻倆輪班看護，凱思每天下班後馬上得輪值「小夜班」，到了夜裡一點，就是負責輪「大夜班」的安該接棒的時間了。

小鎮的生活，對安這樣的家庭照護者也帶來不少困擾。鎮裡的老人家，基於「家醜不可外揚」的保守心理，對外界協助的接受度並不高。而偏僻的鄉居往往也正是公共服務的三不管地帶，以安為例，她每週只有一次（政府財政困難時甚至會減為每二週一次）會有位助理護士來幫她為潔西洗澡；偏遠鄉鎮的公車班次也甚少，外出就醫相當不便；一般的家庭照護者若想出門散散心調適心情，也無處可去——小鎮裡沒有供行人悠閒瀏覽的商店櫥窗，連可供散步的公園也非常稀少。

在侍親與育子的雙重負擔下，安仍然發自內心的感念潔西，感念她實際而寶貴的建言，懷念她那維繫家庭的堅毅性格。儘管如此，在共處同一屋簷的四年之中，潔西的堅毅性格也有多次向死亡舉白棋的時候，日漸萎縮的尊嚴對老婦人的衝擊，

是安能夠深刻體會的。潔西人生的最終八個星期是在醫院渡過的，看著高齡八十八的衰老軀殼，在拒食中漸入昏迷，實在令為人子女者難受。

即使潔西已離世四年，安仍然揮不去那分背負十五年之久的責任感——她仍習慣性地子夜起身、好幾次發現自己正打算把今天的趣聞拿來與潔西分享，家中的前房也仍舊堆滿了潔西的遺物，走了一位凝聚家族向心力的中堅份子，家族成員間也不再像昔日那麼親密了，這一切都令人感傷。

現在，安將自己定位成與其他家庭照護者共步漫漫長路的協助者，她開辦了附近鄉鎮照護者的支持團體，自己也仍然在家中繼續扮演照護者的角色——安的幼子自小因腦傷而就讀特殊學校，現年二十一歲的他，不僅無法工作，居家附近也沒有可申請的公共服務，這位在旁人眼中命運多舛的女鬥士，非但沒有向命運低頭，反倒回過頭向不僅是自己的，還包括別人的命運挑戰。

路不會是永遠那麼孤寂

未來如果有機會，是否願意繼續扮演照護者的角色？對於這個問題，每個人都有不同的想法，有些人希望就此打上句點，讓自己能換個新角度重新看世界；有些人則十分依賴這個角色帶來的安全穩定感，成爲親友圈內的流動資深看護；但也有人希望取得平衡，讓自己經年累月累積的技能與知識仍有用武之地，但又不會淹沒在繁重的責任與工作之中。

有些家庭照護者在照護生涯中覺得格外得心應手，天性中的同理與慈悲心發揚的淋漓盡致，要是能終生獻身照護領域實在是自己與他人的福氣。當然，成爲專業的照護者，除了天性之外，還必須更進一步進修各領域的照護知識，並取得執照才行。專業與樂於助人的天性，正是打造成功專業照護生涯的契機。

照護生涯的甘苦，往往只有過來人才知冷暖，因此，資深家庭照護者的經驗談，對新手而言其實是非常寶貴的資產。以支持家庭照護者爲目的所成立的社團，在開設相關的研習、座談時，若能聘請資深家庭看護者爲實務講師，不但能有效傳遞照護經驗，同時也能爲資深照護者開啓生涯第二春。

這個角色其實並不難，對資深家庭照護者來說，幫助新手上路不但對別人有益，也是回顧照護生涯、重整心靈秩序的絕佳機會。

結論

對許多人而言，父母親的離世就像是支撐世界的支柱突然塌陷。儘管來得及在父母最需要時，陪他們走過最後一段路，但喪親之痛仍然不停地啃噬敏感的心靈與生命。子女的愛與奉獻，在最後的旅程中，爲雙方的生命重新著上深淺不同的色彩，即使是悲傷也有其最溫暖的顏色。這段歷程與照護者所汲取的技能，無論就家庭或社會層次來說，都是極爲珍貴的心靈資產。對個人來說，也許每個家庭照護者都曾質疑：這漫漫長路值得嗎？冥冥之中天意何在？即使我們的社會福利制度尚未進步到能正視照護者應得的榮光，走過這段路的家庭照護者也大可闊步向前，朝機會的曙光前進。

在死亡的陰霾逐漸消散後，真正屬於家庭看護者的榮耀才開始閃耀光芒：一個新的自我，在淬鍊後以穩健步伐前行的新我。家庭照護者會發現，自己已經具備了在憂患逆境中仍能關心自己與他人的真實能力。這使得家庭照護者能真心感謝父母親，感謝他們以生命最後旅程全力教導你我生命中最值得珍視的事項——體現何爲深刻的溫暖與慈悲。漫漫長路絕不空過，有朝一日，你我將會了解照護經驗本身所帶來的人生教誨。

照護年老的雙親

作　　者／Julia Burton-Jones
譯　　者／陳夢怡
出 版 者／弘智文化事業有限公司
登記證：局版台業字第 6263 號
地址：台北市丹陽街 39 號 1 樓
E-mail:hurngchi@ms39.hinet.net
郵政劃撥：19467647　戶名：馮玉蘭
電話：（02）2395-9178・2367-1757
傳真：（02）2395-9913・2362-9917
發 行 人／邱一文
經 銷 商／旭昇圖書有限公司
地址：台北縣中和市中山路二段 352 號 2 樓
電話：（02）22451480　　傳真：（02）22451479
製　　版／信利印製有限公司
版　　次／2001 年 12 月初版一刷
定　　價／200 元
ISBN ／957-0453-26-5

國家圖書館出版品預行編目資料

照護年老的雙親 / Julia Burton-Jones 著 ; 陳夢怡譯. -- 初版. -- 臺北市 : 弘智文化, 2001[民 90]
面 ; 公分
譯自 : Caring for your elderly parent

ISBN 957-0453-26-5(平裝)
1. 老人 2. 父母與子女 3. 長期照護

544.8　　　　　　90003436